어린이 감정 사전

THE BIG BOOK OF EMOTIONS FOR KIDS
© Dalcò Edizioni
Via Mazzini n. 6-43121 Parma
www.dalcoedizioni.it
Forewords: Umbrerto Galimberti
Text: Anna Vivarelli
Illustrations: Alessandra De Cirstofaro
All rights reserved.
Korean translation rights © SOSO Ltd., 2025
Korean translation rights are arrangement with Dalcò Edizioni through AMO Agency Korea.

어린이 감정 사전

움베르토 갈림베르티 서문 | 안나 비바렐리 글
알레산드라 데 크리스토파로 그림 | 김효정 옮김

50가지 감정이 들려주는 내 마음의 소리

첫번째펭귄

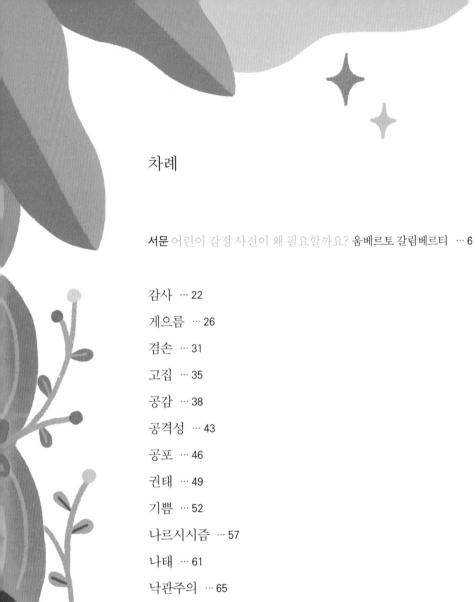

차례

서문 어린이 감정 사전이 왜 필요할까요? 움베르토 갈림베르티 ··· 6

감사 ··· 22

게으름 ··· 26

겸손 ··· 31

고집 ··· 35

공감 ··· 38

공격성 ··· 43

공포 ··· 46

권태 ··· 49

기쁨 ··· 52

나르시시즘 ··· 57

나태 ··· 61

낙관주의 ··· 65

놀라움 ··· 69

뉘우침 ··· 73

당황 ··· 77

두려움 ··· 81

복수심 … 88

분노 … 93

불만 … 96

불신 … 101

불안 … 105

사랑 … 109

샤덴프로이데 … 113

수줍음 … 116

수치심 … 121

순응 … 124

슬픔 … 128

시기심 … 133

야망 … 136

열정 … 140

오만 … 144

욕망 … 147

용기 … 152

우울 … 156

유쾌 … 160

이타심 … 164

인내심 … 169

자만심 … 172

정리 … 176

증오 … 181

질투 … 184

친절 … 190

행복 … 195

향수 … 200

허영심 … 204

혐오감 … 207

호기심 … 211

회복 탄력성 … 214

후회 … 218

희망 … 220

옮긴이의 말 … 225

어린이 감정 사전이 왜 필요할까요?

움베르토 갈림베르티

이 책의 목표는 어린이가 자신의 감정을 알고 돌보도록 하는 것입니다. 낯선 곳에서, 더욱 나쁘게는 익숙하지만 스스로 가지는 않는 곳에서 자신도 모르게 감정이 차올라 휘둘리지 않도록 말이에요.

감정은 생존의 도구입니다

원시 시대로 가 볼까요? 지구에 인류가 처음 나타났을 때 감정을 따르지 않았다면 인류는 살아남지 못했을 거예요. 사실 원시인은 생존에 필요한 음식을 구할 때, 다른 동물에게 잡아먹히지 않기 위해서도 신경 써야 했어요. 음식을 찾고 싶다는 욕망과 함께 다른 동물의 먹이가 될지 모른다는 두려움이 있었기에 인간은 지금까지 생존할 수 있었던 거지요.

원시 시대에는 사방에 위험이 가득했고 인간의 이성도 제대로 발달하지 않았어요. 그런데도 우리 조상은 어떻게 음식을 구했을까요? 어떻게 갑작스러운 위험을 피했을까요? 이 모든 것은 상황에 맞는 감정(욕망 혹은 공포)을 느끼고 행동한 덕분에 가능했어요. 다시 말해 인류가 멸종을 피하고 생존하기 위해 감정이 절대적으로 필요했던 거예요.

개체 발생은 계통 발생을 반복한다는 말이 있어요. 생물의 수정란이나 알이 하나의 개체로 성장하는 과정을 보면 그 종의 진화 과정을 알 수 있다는 뜻이에요. 이 말이 사실이라면 아직 이성이 발달하지 않은 아기가 어떻게 우리 조상처럼 기본적인 감정을 아는지도 이해가 되죠. 아기는 자신을 방어할 수가 없기 때문에 불편하거나 위험한 상황이 되면 마구 울어요. 그러다가 원초적인 욕구가 해결되면 마음이 진정되고 행복한 상태가 되지요.

이성이 발달해도 감정은 사라지지 않고 오히려 강화됩니다. 합리성은 사회를 억압하는 경향이 있기에 사회가 합리화될수록 감정은 파괴적으로 폭발할 위험이 커집니다. 다만 감정을 적절하게 표현할 수만 있다면 그런 폭발은 피할 수 있습니다.

다시 말해 감정이 원시인의 목숨을 지켜 주었다면 현대 사회를 사는 우리 목숨도 지켜 줄 거예요. 물론 기술이 점점 발전하는 우리 시대에 언제까지 그럴 수 있을지는 모르겠지만 말이죠. 기술 시대는 인간에게 로봇과 비슷해질 것을 요구해요. 감정이 없는 로봇은 우리 시대의 이상인 생산성과 효율성을 인간보다 더 잘 실현하기 때문이지요.

사춘기에는 왜 감정의 힘이 세어질까요?

앞에서 말한 것처럼, 이성이 생긴다고 감정이 사라지지는 않습니다. 오히려 이성과 감정은 자주 충돌하게 돼요. 이런 갈등은 사춘기에 최고점에 이르죠. 사춘기에는 감정이 더욱 강렬해지기 때문이에요.

사춘기 청소년은 이제 아이가 아니고, 그렇다고 아직 어른도 아니에요. 사춘기에는 이성보다 감정과 정서가 더욱 힘이 세어져요. 이성이 감정을 조절하고 감정 간의 갈등을 해결하기 어렵죠. 고도의 정신 기능을 담당하는 전두엽이 스무 살 무렵에야 성숙하기 때문이에요.

이제 막 유년기를 지난 청소년은 무엇을 믿고 무엇을 믿지 말아야 할지 알기 위해서라도 자기 감정의 원인을 생각해 보아야 해요. 그래야 지나친 불안이나 패배감을 느끼지 않을 테니까요. 성장 과정에서 느끼는 불확실성, 미래에 대한 불안감, 충동적인 욕구, 확신과 자유에 대한 갈망 등이 청소년기에 나타나곤 해요.

그래서 어른들이 청소년을 걱정하고 청소년의 불안한 감정에 겁을 먹지요. 사람들의 고정 관념은 단단해요. 지금과 완전히 다른 시대에 만들어졌는데도 우리의 생각과 행동을 결정하죠. 시간이 지났어도 사라지지 않고 말이에요. 벽돌을 하나하나 쌓아 올린 벽돌집처럼 단단하게요. 우리는 그 집 안에서 행복 대신 안전을 찾아냈죠.

감정이 왔다 갔다 하는 사춘기 청소년에게 어른의 말씀은 '보살핌'이 아니라 잔소리로 여겨질 수 있어요. 사춘기는 인생의 한 시기일 뿐만 아니라 평생 주기적으로 나타나는 심리적인 상태이기도 해요. 젊은 시절의 무질서한 변화를 통해 우리 자신을 완성해 가는 건 어떨까요? 그런데 이런 일을 해낼 의지가 어른에게 있을까요? 어쩌면 이런 의지 속에 소통과 교육의 가능성이 숨어 있을 거예요. 소통과 교육이란 뒤죽박죽 흘러가는 감정의 강물을 따라 쌓아진 둑 같은 것이지, 넘쳐흐르려는 물을 억지로 담아 두는 댐은 아니에요.

세상에는 어른과 아무런 관계도 없는 청소년이 아니라 어떻게든 '어른과 관계를 맺은 청소년'이 있을 뿐이에요. 이때 관계라는 말은 변화하려는 의지를 갖고 청소년을 설득하는 어른의 시도를 의미하죠. 이런 의지가 있다면 청소년보다 좀 더 오래 살았다는 것만으로 이미 모든 것을 이해했다고 오만하게 굴지 않을 거예요. 또한 청소년에게 무조건 엄격한 태도를 갖지도 않겠죠.

'보살핌'(이 책에서는 흥분한 청소년 앞에서 지금과는 다른 태도를 가지려는 어른의 의지를 뜻해요)이 없다면 젊음의 강이 길을 잃고 수시로 넘치게 돼요. 얼굴은 가면 뒤로 사라지고, 발걸음은 길에서 벗어나고, 행동은 잔인해지고, 꿈은 악몽이 되고, 소통은 불가능해져요. 상처가 아물 새도 없이 깊어지기만 하죠. 어른과 청소년이 만나 주먹을 펴면 어떤 일이 벌어지는지 경험해 보려고 하지 않았기 때문이에요.

감정은 비합리적이지 않아요

감정이란 환경적이거나 정신적 자극에 의해 급하게 나타나 짧게 지속되는 강렬한 정서적 반응입니다. 이성이 끼어들기 전에 감정은 쾌락을 찾고 불쾌한 것을 피하면서 우리를 세상에서 움직이게 하죠. 지금까지 살펴본 것처럼, 이성이 자리 잡은 대뇌 신피질이 출현하기 전까지는 감정이 우리 조상의 태도를 관리했어요.

그러면 감정은 어디에 자리 잡고 있을까요? 다른 고등 동물과 마찬가지로 구뇌에 자리 잡고 있어요. 구뇌는 호흡, 신진대사 등 생명 유지에 필요한 기능을 담당해요. 그러므로 강한 감정이 생기면 혈액 순환, 호흡, 땀 분비, 근육 긴장, 시력과 청력에 영향을 주는 생리적인 반응이 나타납니다. 일시적으로 자율 신경계에 대한 통제력을 상실하면서 나타나는 장기의 반응이고 얼굴 표정, 몸동작 등 습관적인 의사소통 방식과 관련된 표현상의 반응이며 자제력 약화와 비판력 감소로 나타나는 심리적 반응입니다.

이성이 자리한 대뇌 신피질과 관련이 없다고 해서 감정이 비합리적인 건 아닙니다. 첫째, 감정은 빠른 적응 능력을 갖추었기에 오랜 고민 없이 즉각적인 해결책을 찾을 수 있게 합니다. 갑작스러운 위기 상황에서는 유용하죠. 둘째, 감정은 마구잡이로 분출되지 않습니다. 감정 분출이 유리한지 불리한지를 평가하고 사람, 환경, 상황에 맞게 행동하게 하죠. 셋째, 분노와 같은 감정은 자신에게 불리한 상황을 피하거나 다른 사람을 불리한 상황에 빠뜨리기 위한 계획된 행동을 이끌어 냅니다. 넷째, 감정에는 동기가 있습니다. 두려움은 위험에서 자신을 지키려는 동기에서 나오고, 기쁨은 보람 있는 행동을 계속하려는 동기가 되죠. 다섯째, 감정은 목적을 가집니다. 너무 어려운 과제를 앞에 두고 도저히 해낼 수 없다는 생각에 울음을 터뜨릴 때처럼 말이죠. 눈물은 상황에 대처하지 못하는 자신의 무능력을 숨기려는 목적이 있죠. 여섯째, 웃음과 눈물은 동일한 해부학적·생리적 구조이지만 이 둘을 일으키는 감정은 달라요. 그래서 감정을 구분하는 것이 의미 있습니다.

관계 속에서 자라는 공감

감정은 개인의 삶과 관련되어 있을 뿐만 아니라 개인과 개인의 관계에서 나타납니다. 이 관계는 공감에 의해 통제되죠. 공감은 우선 어머니와 자식 사이에서 만들어지고, 어른이 되고 나서는 사회적 기술을 통해 나타나죠. 이 기술 덕분에 우리는 다른 사람을 상대하며, 여기서 상호 작용이 일어납니다.

가정에서는 부부 사이에서, 학교에서는 선생님과 학생 사이에서, 직장에서는 동료와 동료 또는 부하 직원과 상사 사이에서 상호 작용이 일어나요. 사회적 상호 작용으로 조화로운 분위기가 만들어지고 오해가 줄어들죠. 물론 개인의 공감 능력은 자제력과 조화되어야 해요. 한편으로는 자신의 표현을 과장하는 지나친 공감을 피하고, 다른 한편으로는 자신의 감정을 숨기는 지나친 자제력을 피해야 합니다.

그러므로 공감은 다른 사람의 생각과 마음 상태를 포착하여 동일시하는 능력인 셈입니다. 앞에서 살펴본 것처럼, 아이가 어머니와 서로 동조하고 이후에는 부모의 세계와 동조하면서 유년기부터 자연스럽게 공감 능력이 생깁니다.

그러나 부모가 기쁨과 눈물, 보살핌을 받고 싶은 마음에 대해 어떠한 공감도 보이지 않으면 아이는 감정을 표현하지 않게 됩니다. 아이는 자신의 감정 표현이 계속 무시되거나 공개적으로 거부당하면 나중에는 그런 감정 자체를 느끼지 않으려 합니다.

그렇게 어른으로 자라면 결국 두 가지 유형 중 하나가 됩니다. 위협적인 상황을 강박적으로 경계하면서 부정적인 감정에 지나치게 민감한 반응을 보입니다. 아니면 공감 능력이 전혀 없어서 다른 사람에게 동조하지 못하게 됩니다. 특히 이런 사람은 죄의식 없이 범죄를 저지를 수도 있습니다. 자신의 행동이 다른 사람에게 어떤 결과를 가져올 수 있는지 깨닫지 못하기 때문이죠.

감정 공명은 행동으로 나타나요

다른 사람의 감정을 느끼고, 그에 반응하는 것을 '감정 공명'이라고 합니다. 감정 공명을 통해 우리의 행동이 선한지 나쁜지, 편한지 불편한지를 알 수 있지요. 독일 철학자 칸트는 '모든 사람이 선과 악을 스스로 자연스럽게 느끼기 때문에 그것을 정의할 수조차 없을 것'이라고 했어요. 이 말도 아마 감정 공명과 관련되어 있을 거예요. 선과 악을 굳이 정의하지 않아도 느낄 수 있다는 거죠.

적절한 감정 공명이 없는 사람은 이성에게 사랑을 표현하는 것과 폭행하는 것의 차이, 거지 앞을 무심하게 지나가는 것과 그가 잠자고 있는 벤치에 불을 지르는 것의 차이를 구분하지 못해요. 그래서 폭행하거나 불을 지르고도 후회와 죄의식이 없죠. 이렇게 심각할 정도로 행동을 조절하지 못하는 사람은 '사이코패스'라고 불립니다. 정신이 냉담하다는 의미를 담고 있죠. 혹은 선과 악의 차이를 인식하지 못하고, 결국 그 행동으로 사회에 위기를 초래하기 때문에 '소시오패스'라고 불리기도 해요.

감정 공명이 생기려면 심리에 대한 세심한 관심이 필요해요. 이런 관심은 신생아가 엄마에게 달라붙어 젖과 함께 사랑이나 거절을 맛볼 때 시작됩니다. 그리고 부모가 신체 교육과 지적 교육 외에 심리 교육에도 관심을 갖는 유아기에 그런 관심이 구조화되죠. 심리 교육은 이후 감정 교육과 정서 교육으로 발전해요. 그런 교육이 없으면 아기는 자신에게 없는 도구를 사용해 자신을 조직합니다.

마지막으로, 학교는 정신 지능과 더불어 감정 지능에도 관심을 가져야 합니다. 왜냐하면 감정은 본질적으로 관계이고, 이 관계가 대인 관계 능력을 자극하기 때문입니다. 사회에서 살아가는 적절한 방식 혹은 부적절한 방식은 바로 그 능력에 의해 좌우됩니다.

어떤 사람이 어린 시절에도, 청소년기에도 감정 소통에 이른 적이 없다고 해 볼까요? 그런데 어른이 되어 감정을 통제하라고 배우면 어떻게 될까요? 감정이 사막처럼 메마르게 되죠. 그러면서 본능적인 불신 때문에 다른 사람과 나눈 적이 없고 정서적 실어증 때문에 나 자신과도 나눈 적이 없는 그 모든 말을 대신하는 폭력적인 몸짓이 나타나게 됩니다.

감정과 기술의 합리성

우리 시대에 감정은 매우 위험한 두 가지 경로를 따릅니다. 두 경로를 결정하는 것은 기술입니다. 크게 발전한 기술은 더는 도구가 아니에요. 왜냐하면 기술은 최소의 수단으로 최대의 목표에 도달하게 하는, 매우 엄격한 합리성이 적용되는 인간의 환경이기 때문이죠.

기술이 우리의 환경이 되었다면 우리는 기술의 합리성을 피할 수가 없습니다. 바로 거기에 첫 번째 위험이 있습니다. 왜냐하면 공적인 관계와 사회적 관계에서 감정적 개입이 배제되지 않는다면 중간에라도 감정적 개입을 멈춰 달라고 요청해야 하기 때문입니다. 분노, 원한, 죄의식, 부끄러움 등을 표현하게 하는 역학 관계를 피하기 위해 우리 모두는 이런 요청을 따릅니다. 이런 감정들은 엄격한 기술적 절차를 방해하고 기술에 중요한 생산성, 효율성, 기능성을 위태롭게 합니다. 그래서 이런 요청을 따르지 않으면 우리는 직장에서, 더 나아가 사회에서 밀려날 수도 있습니다.

그러나 인간에게는 합리성 외에 비합리적인 차원도 있습니다. 고통, 사랑, 상상력, 관념, 환상, 꿈 같은 것이죠. 기술이 강요하는 합리성을 따르려면 인간은 합리성을 방해하는 비합리적인 차원을 침묵시켜야 합니다. 이런 차원이 인간을 인간답게 하는 것인데도 말이죠.

그러면 두 번째 위험은 뭘까요? 기술의 합리성에 대한 반작용으로, '내가 느끼는' 것만 고집하는 삶의 태도입니다. 다음과 같이 말하는 사람에게 우리는 무슨 말로 반박할 수 있을까요?

"사랑은 존재하지 않아. 이것이야말로 내가 살면서 느낀 유일한 결론이야."

"내가 여러 사람의 죽음을 지켜본 결과, 인생에는 어떤 의미도 없는 것처럼 느껴져."

이런 말에는 논쟁의 여지가 별로 없습니다. 개인적인 경험에만 토대를 두고 있기 때문에 인정할 수밖에 없습니다. 반대 의견을 낼 수 없기에 한편으로는 절대적인 자유에 빠져들게 하고, 다른 한편으로는 꼭 필요한 사회적 지지를 개인에게서 박탈합니다. 감정적 삶을 표현하려면 그런 지지가 무조건 필요한데 말이죠.

'나는 그렇게 느껴'라면서 순간적인 감정에 따라서만 선택한다면 모든 선택은 일시적인 것이 됩니다.

"나 결혼해. 하지만 언젠가 다른 마음이 느껴지면 이혼할 수도 있어."

"아이를 원해. 하지만 후회하는 마음이 들면 낙태할 수도 있어."

마찬가지로 정체성도 언제든 옷처럼 입었다가 벗어 버릴 수 있습니다. 그러면 어떤 정체성도 인생의 의미와 이야기를 표현하지 못하게 되죠. 되돌릴 수 없는 일련의 사건이 시작되는 곳에서만 인생의 의미와 이야기가 가능하기 때문입니다. 그곳에서는 공동의 세계에 대한 언급이 사라지게 되고, 그 세계는 결국 우리의 자유를 억누릅니다. 지나치게 자유를 누리면 다른 사람에게도 영향을 끼칠 수밖에 없기 때문입니다.

내 감정이 모든 사람의 것이 되면

이 시대를 살아가는 사람들에게는 나름의 특징이 있습니다. 보여 줄 것이 아무것도 없는 사람, 그러니까 상품도, 능력도, 아이디어도, 메시지도 없는 사람은 다른 사람들의 눈에 띄기 위해 자신의 친밀감을 과시한다는 것입니다. 이 친밀감 속에 감정과 정서가 담겨 있습니다.

친밀감을 과시하기 위해 텔레비전, 인터넷, 신문 등을 통해 생각, 감정, 러브 스토리, 사생활을 공개하기도 하고 뻔뻔하게(정도의 차이가 있습니다) 자신의 속마음을 누군가에게 털어놓기도 합니다. 이런 뻔뻔함은 솔직함이라며 환영받습니다. 결국 '숨길 것도, 부끄러울 것도 전혀 없기' 때문입니다.

그러나 속마음이 한번 드러나면 우리는 더 이상 우리 자신이 아닙니다. 우리의 감정 역시 우리 영혼이 아니라 우리가 드러낸 이미지에 따라 평가됩니다. 우리는 수치심이 자유(본심을 다른 사람에게 드러낼지 말지를 결정하는 자유예요)를 옹호하는 감정이라 인정하지 않습니다. 우리 자신을 전부 드러내는 경우 수치심, 자제력, 신중함이 수줍음, 내향성, 자기 폐쇄, 억압 등과 동의어로 읽히기 때문입니다. 그래서 우리는 명상과 침묵이 지배하는 마음속 비밀, 어쩌면 고독이 지배하기도 하는 마음속 비밀에 자리 잡은 감정적 경험을 잃어버리기도 합니다.

우리는 우정의 말, 사랑의 말, 인간적인 말을 하면서 이 고독에서 벗어납니다. 인간적인 말에서 친근감을 느끼고, 그 말 덕분에 인정을 받기도 하죠.

영혼에 이르는 이 은밀한 길에서 사람은 자기 자신의 심오한 뿌리를 알아차려야 합니다. 수치심도 없이 자신의 감정을 광고하다 보면 그 길은 더는 '내 것'

이 아니라 '모두의 것'이 됩니다. 이렇게 모두의 것이 되어 화면에 비치는 것을 보고 사랑하는 법, 증오하는 법, 우는 법, 자신을 위로하는 법을 배웁니다. 과거에는 '똑같이 생각하는 것'을 두려워했다면 오늘날에는 텔레비전, 인터넷, 신문 등의 일상화로 감정과 정서가 똑같아지고 있으며, 결국 순응주의가 널리 퍼졌어요.

순응주의는 상황 변화나 주위 환경에 맞추어 부드럽게 대응하는 태도를 의미해요. 이런 순응주의는 우리의 사고뿐만 아니라 감정에까지 영향을 미쳐요. 사고보다는 감정에 영향을 미치는 것이 더욱 효과적인 결과를 가져오기도 하고요.

내면의 감정을 잃을 수 있어요

이제는 인터넷이 우리 마음을 널리 광고하는 수단이 되었어요. 그곳에서 사람들은 혼자 조용히 말할 만한 내용을 듣고 모두와 함께 들은 것을 자신의 의견처럼 말합니다. 모든 사람이 이런 집단적 독백에서 보는 것은 고작 컴퓨터 화면에서 보는 것과 다를 바가 없습니다. 그렇게 우리는 쉽고 빠른 디지털 방식으로 모든 사람의 내면생활을 바꿀 수 있습니다.

그러면 오늘날 우리는 인터넷, 이메일, 휴대 전화 등 우리가 현실과 자기 자신, 그리고 다른 사람과 맺는 관계를 보여 주는 여러 수단을 통해 어떤 감정과 정서를 전달할까요? 우리 인격의 어떤 측면을 드러내고, 특히 우리 정신의 어떤 퇴행을 결정할까요?

이렇게 말하는 이유는 우리가 어린 시절에 절대 떨어질 수 없었던 곰 인형과 함께 세상을 배웠기 때문입니다. 오늘날 우리는 휴대 전화나 노트북 없이는 움직일 수가 없습니다. 이제는 휴대 전화와 노트북이 곰 인형인 셈이지요. 기술은 우리를 발전시키는 것이 아니라 어린아이로 만듭니다.

애착을 느끼는 사람과 물리적 혹은 감정적 거리감이 있다면 불안감을 느끼게 됩니다. 이런 불안감을 달래기 위해 우리는 강박적으로 전화를 하고 채팅을 하고 이메일을 보냅니다. 이 강박이 어머니가 없는 순간을 견딜 수 없었던 어린 시절로 우리를 데려갑니다. 새로운 기술로 사람과 사건을 통제할 수 있을 듯한 인상을 받을 때 우리도 똑같은 방법으로 전지전능한 환상을 경험하게 됩니다.

우리는 관심 있는 사람들의 정보를 끊임없이 확인하고 그들의 메시지를 끊임없이 찾습니다. 그들이 있을 만한 장소는 물론 그들이 그곳에 머문 시간도 함께 확인하죠. 그렇게 사람들을 통제할 수 있다고 생각하는 거예요.

휴대 전화는 우리에게 자유를 약속하는 것 같지만 사실은 자유를 빼앗아 갑니다. 우리는 그런 상실감을 피하기 위해 계속 휴대 전화로 통화를 하려고 합니다. 그리고 통화할 수 없을 때에는 끝없는 거짓말과 변명('휴대 전화 신호가 잡히지 않았어', '배터리가 방전됐어', '터널에 있었어' 등)을 늘어놓게 됩니다. 사람들의 계속되는 감시를 피할 수 없는 것이죠. 간단히 키보드나 헤드폰을 조작해서 멀리서도 현실을 통제할 수 있다고 착각하는 사람들 말이에요.

새로운 기술 덕분에 우리는 자신이 누구인지 밝히지 않고도 감정과 느낌, 필요와 욕망을 인터넷에 드러낼 수 있습니다. 그 덕분에 사람들은 직장에서의 일이나 누군가와의 부끄러운 연애 이야기를 다른 사람들에게 떠벌립니다. 순전히 자신만의 이기적인 만족을 위해서죠.

휴대 전화로만 사람들과 소통한다면 우리는 주변 세상뿐만 아니라 내면 세상도 잃어버리게 됩니다. 우리가 우리 자신과 대화하게 해 주는 침묵에 대해서도, 수많은 감정이 지나가길 기다리는 것에 대해서도 모릅니다. 외부 세계가 사라져야 우리는 비로소 깊게 생각할 수 있습니다. 둘만 있는 순간에도 휴대 전화를 놓지 못하는 사람은 사랑이 무엇인지 모릅니다. 우리는 불안정하고 불확실한 인생조차 온라인에서는 통제할 수 있다고 생각합니다. 통제하려고만 하면 도망치는 진짜 인생을 모르는 거죠.

새로운 관계에서 공유하는 감정

현실 세계가 가치 없게 느껴져서 온라인 세계에만 드나든다면 컴퓨터나 휴대 전화를 끄는 순간 끔찍한 공허함을 느끼게 됩니다. 그러므로 어디를 가든 마치 구명조끼처럼 이 '통신 수단'을 가지고 다녀야 합니다. 그러므로 우리는 독일 철학자 귄터 안더스의 「어린이를 위한 이야기」와 비슷한 조건에 놓이게 됩니다. 그 이야기의 내용은 다음과 같습니다.

어느 왕자가 세상을 보는 눈을 기르기 위해 시골을 걸어 다녔습니다. 왕은 그런 아들의 모습이 마음에 들지 않았습니다. 그래서 마차와 말을 선물했죠.
"이제는 걸어 다닐 필요가 없다." 아버지가 말했습니다.
'이제는 걸어 다니면 안 돼.' 이것이 그 말의 뜻이었습니다.
'이제는 걸어 다닐 수 없어.' 이것이 그 말의 효과였습니다.

이 이야기는 우리 이야기와 아무 관련이 없어 보인다고요? 그렇지 않아요. 우리의 통신 수단을 진짜 세상이 아닌 가짜 세상과 접촉하게 한다면, 시공간적으로 고착된 존재를 우리에게 인도한다면, 우리가 경험하는 방식을 바꾸어서 먼 것을 가깝게, 가까운 것을 멀게 느끼게 한다면 우리의 감정에 변화를 가져올 거예요.

그래서 우리는 통신 수단이 그저 '수단'일 뿐이라는 말에 동의하지 않습니다. 라디오, 텔레비전, 컴퓨터, 휴대 전화, 태블릿, 플레이스테이션, 엑스박스 등은 우리와 친구, 우리와 사물 사이에 새로운 관계를 만들어 냅니다. 특히 현실이 아닌 소셜 네트워크에서 사람들을 만나 기쁨, 열광, 흥분뿐만 아니라 걱정,

분노, 권태, 외로움까지 감정을 공유하는 아이들이 그렇습니다.

소셜 미디어에서는 컴퓨터 게임을 하기도 하고, 친구들을 조롱하거나 위협하는 사이버 폭력을 저지르기도 하고, 사진과 영상을 통해 자신의 몸을 과시하기도 하죠. 특히 은둔형 외톨이(오랫동안 집에 틀어박혀서 사회와의 접촉을 극단적으로 피하는 사람 - 옮긴이)가요. 왜 그럴까요? 조금이라도 위로받기 위해서죠. 은둔형 외톨이는 현실 세계에서 물러나 자기 방에 틀어박혀요. 그러고는 절대 외출하지 않고 오직 가상의 세계와만 접촉하죠. 이 가상 세계에서 최소한의 위로를 얻고요. 어떤 아이들은 틱톡 같은 소셜 미디어에서 죽을 수도 있는 위험한 게임을 해요.

이런 극단적인 상황까지 가지 않더라도 아이들은 채팅만으로도 자신의 감정을 조종당할 수 있어요. 사실 이런 형태의 의사소통에서는 자신이 되고 싶은 모습을 꾸며 낼 수 있어요. 즉 아름답고 똑똑하고 매력적인 모습을 보이면서 현실 세계에서 겪게 되는 좌절감을 보상받죠.

뒷감당을 하지 않아도 되는 이런 거짓말은 무제한의 자유와 우월감을 다시 느끼게 해요. 유년기 이후에는 느껴 보지 못한 것들이죠. 채팅에서 말한 내용이 현실과 일치하지 않는다면 실제 만남이 실망스러울 수도 있어요. 그러면 꿈은 산산조각 나고 좌절감이 커지죠. 그래도 아이들은 채팅을 그만두지 않아요. 현실에서 얻지 못하는 것을 가상 세계가 제공해 준다면 가상 세계에 머물며 현실에서의 만남을 줄이게 됩니다.

나도 모르게 감정에서 멀어져요

선사 시대에 우리 조상들은 생각, 감정, 세계관을 표현하는 방법을 찾아냈습니다. 이게 첫 번째 단계였습니다. 선사 시대의 조각상과 동굴 벽화를 보면, 이 단계는 포괄적이고 모호하고 총체적이고 통일적입니다.

인류가 글을 쓰면서 두 번째 단계가 시작됩니다. 이때는 그림 같은 직접적 이미지 대신 글자라는 시각적 기호가 이용되었죠. 예를 들어 '개'라는 단어의 소리와 형태는 실제 개와 아무런 관련이 없습니다. 그러므로 글자를 읽을 때는 그림을 볼 때와 달리 미리 교육을 받아야 합니다.

이때부터 우리의 사고방식은 근본적인 변화를 겪게 됩니다. 포괄적이고 모호하고 총체적이고 통일적인 방식에서 분석적이고 구조적이고 연속적인 방식으로 변화했죠. 이러한 언어의 발전 덕분에 이전에는 상상할 수 없었던 문화의 확산이 가능해졌습니다.

그러나 현실 세계의 광장보다 소셜 미디어의 가상 광장을 더 좋아하는 오늘날의 디지털 원주민은 이전 시대의 위대한 소설가들처럼 이야기를 통해 감정을 표현하기보다는 감정을 실제로 느끼고 경험하기를 더 원합니다. 그들에게 진짜 현실은 말이나 글이 아니라 총체적인 감정으로 표현되기 때문입니다. 음악이 그렇듯이 말이죠.

이쯤에서 의문이 하나 드네요. 우리는 시간과 공간의 제한이 없는 '가상' 현실을 좋아해서 '실제' 현실의 소중함을 잊을 수도 있습니다. 그런 디지털 세계에서 우리 아이들의 감정은 어떻게 변할까요? 사춘기에는 현실과 꿈, 상상과 욕망 사이의 차이를 받아들여야 합니다. 그렇기에 아이들은 자꾸만 사춘기를 늦추려 하죠. 그렇게 아무것도 하지 않고 성년기에 이르면 결국 부적응자가 됩니다. 컴퓨터 기반의 인지 기술이 급격한 비현실감을 가져오는 것입니다. 가상 세계에서는 시뮬레이션이 현실을 대체하기 때문에 현실과의 접촉이 끊어집니다.

컴퓨터와의 관계가 깊어지면서 현실 세계와 단절된 디지털 원주민은 처음에는 스마일리(감정을 표현하는 일련의 문자), 그다음에는 이모지(내면의 감정과 마음 상태를 표현하는 얼굴 모양의 기호)에 의지했습니다. 글쓰기를 이모티콘으로 대체하는 현상은 동굴 벽화와 조각상으로 의사소통을 했던 선사 시대로의 후퇴를 보여주는 가장 확실한 증거 같습니다.

아직 글을 모르는 아기들도 이모티콘을 이용한다는 말이 있더군요. 그 말이 사실이라면 이모티콘을 이용하는 건 우리 인생의 초기 단계로 퇴행하는 것입니다. 아기들은 성장한 뒤에도 이모티콘을 계속 사용합니다. 슬픔을 표현한 얼굴, 기쁨을 표현한 얼굴, 분노를 표현한 얼굴, 짜증이나 무관심을 표현한 얼굴은 자신의 감정 상태를 외부에 보여 주는 것입니다.

작은 얼굴로 모두 표현할 수 없는 경우에는 음성 메시지, 인스타그램, 왓츠앱 등의 도움을 받습니다. 이제 디지털 원주민은 다른 사람뿐만 아니라 자기 자신에게도 자신의 감정과 느낌을 설명하기 힘든 것 같습니다. 어떻게든 자신의 감정을 표현하고 전달해서 마음을 달래려는 욕구가 큰데 말이죠.

앞에서 설명한 비현실감과 함께 이러한 강박성이야말로 인터넷으로만 경험하고 작업하고 소통하는 사람에게 나타나는 탈사회화 증상이 아닐까요? 바로 거대한 고독이 가져오는 탈사회화 증상 말이죠. 인터넷을 통해 미국이나 오스트레일리아 등 외국 친구를 사귈 수 있다고 하죠. 하지만 그들과의 우정이 이웃이나 학교 친구와의 우정에 비해 얼마나 깊을지 궁금합니다.

우리 아이들의 사회적 능력은 얼마나 될까요? 일대일 대면에서는 상대방의 말을 듣는 것 말고도 상대방의 감정이나 느낌을 알 수 있습니다. 그런데 우리 아이들은 그런 일대일 대면을 어려워합니다. 그로 인한 고독, 우울, 소심함은 어떤 결과를 낳을까요? 일반적으로 단어나 이미지가 아닌, 오직 몸을 통해서 전달하는 언어는 정체성을 드러냅니다. 그런 정체성은 어떤 사람의 힘, 그 사람이 보여 주는 신뢰와 마찬가지로 웹 사이트에서 다운로드할 수 없습니다.

진정한 자기 자신과 자신의 감정을 표현하려면 인터넷보다 더 복잡한 시나리오 속에서 살아야 하고, 네트워크보다 더 얽히고설킨 길을 통과해야 하며, 더욱 복잡한 풍경 속으로 들어가야 합니다. 네트워크는 다른 사람이 허락한 것만 보게 하는 반면, 이런 시나리오와 풍경을 서술하기 위해서는 이모티콘으로 충분하지 않고 모든 글자가 필요하기 때문입니다.

그렇다고 해서 놀랍도록 많은 만남과 관계를 만든 네트워크를 검열하고 싶지는 않습니다. 다만 네트워크로 인해 우리 아이들이 감정에서 멀어질 수 있다는 점, 가상 세계를 위해 현실 세계를 버리는 사람이 흔히 갖는 유사 감정으로 진짜 감정을 대체할 수 있다는 점을 경고하고 싶습니다. 그것도 아이들이 깨닫지 못하는 사이에, 그러므로 아이들도 모르는 사이에 말이죠.

"감사합니다!"
박수갈채가 두 배로 커지니, 감사의 인사도 두 배가 된다.
"감사합니다! 감사합니다!"
대중은 환호하고, 휘파람을 휙휙 불고, 발을 쿵쿵 구르고, 우레와 같은 박수를 보낸다.
그러자 그가 크게 소리친다.
"감사합니다! 감사합니다! 감사합니다! 감사합니다!"
:: 다니엘 페낙, 『감사합니다』

감사

　유명한 일본 우화가 있습니다. 이 우화는 수많은 판본으로 알려져 있어요. 그 중 하나를 살펴볼까요? 어느 날 가난한 어부 우라시마 타로가 해변에서 거북을 괴롭히는 아이들을 봤어요. 아이들은 작은 거북을 뒤집어 놓고 발길질을 했어요. 그러면서 거북을 풀어 주는 척하다가 거북이 바다 가까이로 가면 다시 붙잡아 와서 괴롭혔어요. 우라시마는 아이들을 말렸지만 소용없었어요. 아이들은 자신들이 잡은 거북이라면서 상관하지 말라고 했어요. 결국 어부는 주머니에 있는 동전을 모두 주고 거북을 샀습니다. 그러고는 거북을 물에 풀어 주었죠. 거북은 "살려 주셔서 감사합니다. 언젠가 은혜를 갚을게요"라고 말하고는 파도 속으로 사라졌습니다. 우화에서 동물들은 말을 하고 생각도 합니다. 동물이 인간보다 더 나을 때도 많죠. 당연히 거북도 약속을 지킬 거예요.

　이후 우라시마 타로는 한동안 신기한 모험을 하면서 놀라운 존재들을 만납니다. 흥미롭게도 감사의 마음은 인간과 인간, 심지어 인간과 자연의 균형을 위해 필요한 것으로 여겨집니다. 그러므로 은혜를 모르는 사람은 항상 벌을 받죠. 이솝부터 그림 형제까지 모든 시대, 모든 국가의 우화가 마찬가지예요.

　누군가가 선물을 주거나 친절을 베풀 때 우리는 다섯 글자로 감사의 마음을 표현해요. 부모님이 가르쳐 주신 말이죠. 바로 '감사합니다'라는 말이에요. 감

사의 마음을 표현하는 최소한의 말입니다.

그러나 진정한 감사는 정중하게 '감사합니다'라고 말하는 것만이 아니에요. 뭔가 훨씬 더 깊은 것이 필요하죠.

그렇다면 정확히 말해서 감사란 무엇일까요? 우리에게 잘해 준 사람에 대한 애정과 함께 보답하고 싶은 바람을 느끼는 것입니다. 감사는 기억이자 마음씀 씀이인 것이죠.

그러나 감사하는 마음을 바로 표현하기는 힘들어요. 우리는 친절을 기쁘게 받아들이고 감사할 때를 기다려야 합니다. 거북이 '언젠가 은혜를 갚을게요'라고 말한 것처럼 말이죠. 그러므로 감사는 오랫동안 지속되는 거예요. 감사를 표시하기 위해서는 화초에 물을 주듯 마음을 써야 합니다. 그렇게 좋은 기억을 만들 뿐만 아니라 우리 마음과 행동도 변화시키는 것이죠.

무엇보다 다른 사람의 말에 관심을 기울이고 들어 주는 것이 중요합니다. 다른 사람의 친절을 알아차리지 못한다면, 자신이 모든 것을 받을 자격이 있다고 믿는다면 다른 사람에게 감사를 받을 수 없습니다!

먼저 나와 가까운 사람이 나를 위해 힘들게 일하고 노력한다는 사실을 알아야 합니다. 나를 위해 시간을 쓴다는 것도 알아야겠죠. 그렇게 다른 사람과 나누는 관계를 지키세요. 물론 그것만으로는 충분하지 않습니다.

왜냐하면 누군가의 친절에 고마운 마음이 들어도 그 마음을 전하지 않으면 아무 일도 일어나지 않기 때문입니다. 그러면 우리는 뭘 해야 할까요? 내가 받은 친절을 조금이라도 돌려주면서 감사의 마음을 표시해야겠죠. 그것이 작지만 위내한 마법의 시작입니다. 감사의 비결은 두 배, 세 배로 서로 주고받는 것입니다. 사실 감사의 마음은 전염됩니다. 감사의 마음이 전염되면 사람들 사이에 서로를 잘 살게 해 주는 관계의 네트워크가 생깁니다. 실제로 감사하는 사람이 더 잘 살고 다른 사람도 더 잘 살게 해 줍니다. 오래전부터 그랬습니다.

고대 로마의 철학자 세네카는 친구 루킬리우스에게 보낸 편지에 이렇게 썼습니다. '감사한 마음을 표현하는 것은 상대방보다 자네에게 좋은 일이네. (……) 사네는 행복한 마음에 들떠서 무한한 선을 얻게 된다네. (……) 자네는 평범한 것을 주고 귀한 것, 즉 완벽하고 행복한 마음에만 생길 수 있는 감사의 마음을 얻는 것이네.' 세네카는 친구에게 '고마워하는 사람은 늘 행복하다'고 알려 준 거예요! 옛날 사람들도 감사하는 마음이 행복과 관련되어 있음을 알았던 거죠. 다른 사람을 인정하고, 그의 말을 들어 주고, 그의 관대함에 감사하고, 조금이라도 보답할 수 있다면 세상이 정말 밝아 보일 거예요. 집 안에서나 밖에서나 긴장과 갈등이 줄어들 거고요. 보는 것이 믿는 것입니다.

게으름이 시장에 갔네
양배추 한 통을 샀네,
정오 종이 울렸네
집으로 돌아왔네.
물을 길어 불을 피웠네
앉아서 쉬었다네.
야금야금 시간이 흘렀네
해도 저물었네.
밤이 되니 활기가 사라졌네,
어둠 속에 홀로 남았네
밥도 못 먹고 누웠네
게으름이 떠났네.
∷ 에토레 베르니, 「게으름」

게으름

　위에 소개한 것은 이탈리아 전래 동요예요. 정말 재미있죠? 게으름이 재미있다는 말은 아니에요.

　사전에서 '게으르다'라는 형용사를 찾아보면 이렇게 나옵니다. '행동이 느리고 움직이기 싫어하거나 일하기를 싫어하는 성미나 버릇이 있다.' 그렇다면 우리 모두는 게으른 동시에 게으르지 않은 거예요. 어떤 일을 하느냐에 따라 달라지니까요! 아침에 학교에 가기 위해 일어날 때는 온갖 게으름을 피우지만 여행을 가기 위해 일어날 때는 기쁘게 침대에서 뛰쳐나옵니다. 우리가 농구를 못 한다면 체육관에 느릿느릿 걸어가겠죠. 하지만 체육관에서 신나는 생일 파티를 한다면 발에 날개가 달린 것처럼 뛰어갈 거예요. 다시 말해 삶에 대한 의욕은 우리가 무엇을 좋아하고 싫어하는지에 달려 있습니다. 이제 그만하고 싶다고요?

26

사실 그렇게 간단하지는 않습니다! 우리 모두 어느 순간에는 일상의 의무를 해낼 에너지가 있습니다. 하지만 어떤 때는 일을 미루고 가만히 있고 싶습니다. '좀 이따가 하지 뭐. 아냐, 내일 하자. 아예 못할 수도 있어.'

게으름은 시간이나 희망과 관련되어 있습니다.

예를 들어 볼게요. 저녁밥을 먹기 전에 방 청소를 해야 한다고 쳐요. 시간이 정확히 제한되어 있기에 내 마음대로 시간을 늘릴 수는 없습니다. 지금은 7시 반이고 저녁 식사는 8시에 합니다. 30분이 남았네요. "조금만!" "지금 시작해!" "이것만 하고 할게!" 엄마한테 계속 떼를 써도 시간은 30분밖에 남지 않았습니다. 그 시간이면 아무리 메리 포핀스(영화 「메리 포핀스」에 나오는 유모 – 옮긴이)라도 '방 치우기 놀이'를 해 주러 오지 못할 거예요. 그러니 그냥 빨리 방을 치우고 방 청소를 해야 한다는 생각을 지워 버리는 것이 어떨까요? 30분 사이에 무슨 일이 생길 거라고 기대하지 마세요. 다시 말해 누군가가, 아니면 어떤 일이 우리를 구해 줄 거라고 생각하지 마세요. 메리 포핀스는커녕 엄마도 우리 방에 와서 청소를 해 주지는 않을 테니까요.

우리가 원하든 원하지 않든 시간은 똑같은 속도로 흐릅니다. 그러니 마치 우리 마음대로 시간이 멈출 것처럼 행동하지 마세요. 이럴 때는 우리가 아무리 가만있어도 사실은 도망치고 있는 것입니다. 당연히 엄마는 우리에게 방을 치우라고 할 수 있습니다. 방 청소는 우리가 해야 할 일이고요. 그런데 우리는 방 청소를 하기 싫어서 게으름 속으로 도망치는 거예요.

그런데…… 게으름이 뜻밖의 기회가 되는 경우도 있습니다.

우리의 일상은 정신없이 지나갈 때가 많습니다. 일상을 제대로 이해하고 깊이 사색할 수가 없죠. 이때 잠시 하던 일을 멈춘다면 다시 힘을 얻고 숨을 돌릴 수 있어요. 그리고 이미 해치운 일을 되돌아보면서 다른 관점에서 바라볼 수도 있죠. 가령 침대 위가 아니라 방문 앞에서 우리 방을 바라볼 수도 있는 거예요.

고대 로마인은 이렇게 성찰하는 게으름을 '오티움(휴식)'이라고 불렀어요. 부유한 고대 로마인은 오티움을 위해 무질서하고 복잡한 도시를 떠났어요. 그리고 시골 별장에서 상쾌하게 목욕을 하고, 음악을 듣고, 글을 썼습니다. 물론 산책도 했고요.

　나쁘지 않죠? 이런 게으름은 몸을 회복시키고 힘을 줄 뿐만 아니라 새로운 아이디어를 떠오르게 해요. 아이디어가 떠오를 때에는 당연히 잠에서 깨어 있어야겠죠.

　만약 그럴 수 없다면 도널드 덕을 따라 해 보세요. 도널드 덕의 수많은 직업 중에는 매트리스 검사관이라는 것도 있었어요. 이 일이 너무나 마음에 든 도널드 덕은 정말 열심히 일했습니다.

"그럼 피터, 정말 날 수 있어?"
대답 대신 피터는 작은 방 안에서 날기 시작했으며,
천장을 몇 번이나 스쳐 갔다.
"우와!" 존과 마이클이 함께 고함을 질렀다.
"정말 멋지다!" 웬디가 소리쳤다.
"맞아, 사실 난 멋져. 난 정말 멋지다고!" 피터가 말했다.
또다시 겸손이 뭔지 홀랑 잊어버린 채.
:: 제임스 배리, 『피터 팬』

겸손

요즘에는 겸손한 사람을 보기 힘들어요. 겸손은 옛날이야기가 된 것 같습니다! 겸손한 사람이 많아져야 할 텐데 말이죠…….

자신이 아는 것이 없고 배울 것이 많다는 사실을 인정하는 것, 자신의 잘못이나 실수를 분명히 밝히는 것이 약해 보일 수도 있습니다. 이겨 내야 하고 부끄러워해야 할 감정처럼 보이는 거죠.

그러나 곰곰이 생각해 보면 정반대입니다. 겸손은 커다란 용기일 수도 있습니다.

겸손한 사람은 맑은 눈으로 진실하게 자기 자신을 바라보고 자신의 진정한 모습을 알아볼 수 있습니다. 그러면 자신이 가장 훌륭한 사람도, 가장 능력 있는 사람도 아니라는 것을 알게 됩니다. 그리고 다른 사람들처럼 장단점이 있고 아직도 배울 것이 많다는 것도 알게 되죠. 겸손한 사람은 이런 사실을 망설임 없이 받아들입니다!

그러므로 겸손한 사람은 절대 약하지 않으며, 자신의 한계를 강점으로 바꿀 수 있습니다. 자신이 무엇을 할 수 있는지 알고 있을 뿐만 아니라 다른 사람에게 거리낌 없이 도움을 요청할 수도 있습니다. 겸손한 사람은 자신이 정상에 올랐다고 절대로 생각하지 않습니다. 자신이 모든 것을 알고 있다고도 생각하지 않습니다. 겸손한 사람은 듣고 관찰하고 배웁니다. 자신이 모르는 것에 관심을 갖고, 호기심을 느끼며, 감탄합니다. 다른 사람의 재능과 용기를 기분 좋게 칭찬해 줍니다. 더 뛰어나거나 더 경험 많은 사람의 공로를 진실한 마음으로 받아들입니다.

성공했다고, 칭찬을 받았다고, 심지어 박수갈채를 받았다고 우쭐해하지도 않습니다. 유명해지고, 칭찬을 받고, 자신을 따르는 사람이 생겼다고 자신이 최고가 된 것이 아님을 압니다.

그러므로 겸손한 사람은 친절합니다. 친절은 겸손을 보여 주는 명확한 표시입니다. 때때로 자기 분야에서 성공한 사람은 이젠 다른 사람이 필요 없다고 확신하여 거만한 태도를 보입니다.

위대한 과학자가 노벨상을 받고도 새로운 목표를 향해 다시 나아간다면 그는 겸손한 사람입니다. 대규모 국제 전시회에 작품을 전시한 화가가 다시 작업실로 돌아가 신인 때의 열정으로 새 작품을 그린다면 그 역시 겸손한 사람입니다.

황제도 겸손할 수 있습니다. 말이 안 된다고요? 절대 그렇지 않습니다.

서기 161년부터 180년까지 로마 제국의 황제였던 마르쿠스 아우렐리우스가 그러했습니다. 그는 깨어 있는 입법자(법을 만드는 사람 – 옮긴이)였고 유능한 지도자였으며 철학자였습니다. 그의 사상은 그가 어떤 사람이었는지 보여 줍니다. 약 20년간 세상 전체가 그의 발아래에 있었고 그의 위에는 아무도 없었습니다. 그러니 그가 겸손한 감정을 품고 겸손을 실천했다는 사실을 믿기 어렵습니다!

그러나 마르쿠스 아우렐리우스는 맨땅에서 잠을 자고, 소박한 식사를 하고, 우정에 충실하고, 충고와 조언을 감사히 받아들인 것 같습니다. 한마디로, 막강한 권력을 지녔는데도 겸손했습니다. 철학 일기인 『명상록』에서 마르쿠스 아우렐리우스는 부모님과 스승으로부터 소중한 것을 많이 받았다고 말합니다. 침착함과 친절, 신중함과 단호함, 친구들에 대한 배려, 근거 없이 의견을 내세우는 사람에게 베푸는 관용, 모두와 잘 지내는 성품 등을 받았다는 거죠. 그뿐만이 아니었습니다. '내 아버지에 대한 평판과 추억 덕분에 나는 겸손과 남자다운 기백을 갖게 되었다. 내 어머니 덕분에 나는 경건한 마음과 베푸는 마음, 나쁜 짓만이 아니라 나쁜 생각도 삼가는 마음과 나아가 부자들의 생활 태도를 멀리하는 검소한 생활 방식을 갖게 되었다.'

마르쿠스 아우렐리우스는 이후 황제인 코모두스와 매우 달랐다고 합니다. 겸손과는 아주 거리가 멀었던 코모두스는 냉혹한 폭군으로 역사에 남았습니다.

마르쿠스 아우렐리우스에게는 특별한 하인이 있었습니다. 그가 군중의 환호와 갈채를 받으며 로마 거리를 행진할 때면 그 하인이 그의 귀에 대고 속삭였다고 합니다. "명심해. 당신은 그저 인간일 뿐이야. 그저 인간일 뿐이야."

코지모는 커다란 나뭇가지가 갈라진 곳까지 올라가더니 그곳에 걸터앉아 팔짱을 끼고 다리를 흔들었다. 삼각 모자를 이마까지 눌러쓰고 머리를 어깨 속으로 푹 숙였다. 아버지는 창밖으로 몸을 내밀었다.

"거기 있다가 지치면 생각이 바뀔 거다!" 아버지가 소리쳤다.

"절대로 안 바뀔 거예요!" 코지모가 나뭇가지에서 말했다.

"어디 두고 보자. 금방 내려오고 말걸!"

"절대 안 내려가요!" 코지모는 그 말을 지켰다.

:: 이탈로 칼비노, 『나무 위의 남작』

고집

다른 사람의 목소리가 소음처럼 느껴질 때가 있습니다.

우리는 누군가의 말을 듣고 그 의미를 헤아려야 합니다. 그런데 그러지 못할 때가 있습니다. 우리 잘못이라고요? 그래서는 안 된다고요? 현실은 눈에 보이는 것과 다르다고요? 우리는 다른 사람의 목소리를 듣지만 그의 말을 알아듣지는 못합니다. 아니, 이해하고 싶지도 않습니다. 그 말을 받아들이고 싶은 마음도 없습니다. 우린 고집쟁이니까요. 우리는 상식과 조언을 거부합니다. 그렇다고 우리가 맞는다고 완전히 확신하는 것도 아닙니다. 중요한 것은 오로지 우리의 의지뿐입니다. 완고함, 완강함, 아집, 오기 등 이런 태도를 부르는 말은 많습니다. 정확히 말하면 고집이죠. 하나의 태도를 부르는 말이 이렇게도 많다니, 아마도 고집부리는 상황이 많기 때문이겠죠.

고집을 인내심이나 강인함과 혼동할 수도 있습니다. 하지만 완전히 다릅니다! 우리가 인내심 있게 행동하고 어떤 것을 흔들림 없이 주장한다고 해서 다른 의견에 눈을 감거나 귀를 닫아 버리는 것은 아니거든요. 열심히 의무를 다하는 것, 예를 들어 공부나 일을 열심히 하고 친구와의 우정을 지키는 것이 모든 의심과 선택을 거부하고 자신의 생각만 주장하는 것을 의미하지는 않습니다.

고집 센 사람은 변화를 두려워하는 경우가 많습니다. 특별한 상황이나 새로운 사상이 위협처럼 보이기에 자신이 믿거나 아는 것만 고집합니다. 그래야 마음이 편해지거든요.

다른 사람 위에 서고 싶다는 욕망을 품을 때도 우리는 완고해집니다. 다른 사람의 것을 갖고 싶고 어떻게든 이기고 싶은 욕망을 품을 때도 마찬가지예요. 혹은 '내가 잘못했어'라고 자신의 잘못을 인정하지 못할 때도 우리는 완고해집니다.

자신의 잘못을 인정하지 못하다니, 좀 웃기지 않나요? 모두가 실수하기 마련입니다. 우리는 틀린 것을 믿을 때도 있습니다. 현실이 변하면 세상을 보는 관점이 달라지고 새로운 사실이 덧붙여지기도 합니다. 그러므로 우리는 변화에 적응하는 법을 배워야 합니다!

고집은 왜 들어갔는지 이유를 알 수 없는 어두컴컴한 터널 같은 것이에요. 어쨌든 우리는 이제 터널 안에 있습니다. 앞에도 뒤에도 빛은 없어요. 그래서 우리는 거기에 그냥 있겠다고 고집을 부립니다. 앞으로 나아갈 수가 없기 때문이죠. 그때 밖에서 우리를 부르는 소리가 들립니다. 그 목소리는 어서 나오라고 하지만 우리는 거부합니다. 여기서 나가는 것이 항복처럼 느껴지거든요. 밖에 나오면 상황이 좋아질 거라고, 어두운 터널에 있는 것은 멍청한 짓이라고 누군가가 우리에게 말해 줘도 아무런 소용이 없습니다.

과학의 발전을 통해 고집과 강인함의 차이점을 다시 살펴볼까요? 과학적 발견이 우연히 일어나는 일은 거의 없습니다. 끝없는 실험과 분석과 검증을 통해서만 과학 이론을 증명할 수 있죠. 실험을 통해 이론이 옳지 않다는 사실이 밝혀지면 어떨까요? 이 경우 과학자는 중간에 멈춰야 합니다. 그리고 자신의 이론이 잘못되었음을 인정해야 합니다. 반대되는 증거가 나왔는데도 자기 이론이 옳다고 계속 고집을 부린다면 어떤 결론도 얻지 못할 것입니다. 물론 노벨상도 절대 받지 못할 거예요.

수많은 시도와 실패 덕분에 원자와 은하계와 블랙홀이 확인되었고, 바이러스와 박테리아를 치료하는 백신이 만들어졌습니다. 그러므로 과학자들은 강인하고 끈기 있지만 완고하지는 않아요. 그들의 전기를 읽어 보세요. 그러나 소설을 읽고 싶다면 『나무 위의 남작』이 좋을 거예요. 이 책은 고집쟁이가 뭔지 똑똑히 보여 줍니다. 코지모 피오바스코 디 론도 남작은 열두 살 때 달팽이 요리 때문에 부모님과 다툽니다. 그리고는 나무에 올라가죠. 이후 코지모는 땅에 한 번도 내려오지 않습니다. 그는 나무 위에서 자라고 사랑에 빠지고 수많은 모험을 하다가 마침내 열기구를 타고 날아갑니다. 코지모가 땅에 내려오지 않은 것은 처음 나무에 올라갈 때 불쑥 이런 말을 했기 때문입니다. "절대 안 내려가요!"

"딱 한 번만이라도 네가 걸친 누더기를 입고 맨발로 돌아다니다가 흙탕물 속에서
뒹굴 수만 있다면, 나를 꾸짖거나 말리는 사람이 아무도 없다면 나는 왕관을 잊어버릴 거야."
"나의 상냥한 왕자님, 한 번이라도 왕자님처럼 멋진 옷을 입을 수만 있다면……."
"그럼 뭘 기다려? 얼른 누더기를 벗고 내 옷으로 갈아입어. 잠깐 누리는 기쁨이겠지만,
그렇다고 해서 그 짜릿한 기쁨이 줄어들지는 않겠지. 정말 재미난 시간을 보내자.
나중에 우리를 방해하는 사람이 오기 전에 다시 옷을 바꿔 입으면 되는 거야."
잠시 후 웨일스의 어린 왕자는 톰이 입었던 더러운 누더기를 걸쳤고 빈곤의 왕자였던 톰은
왕실 예복을 입고 으쓱으쓱 뽐냈다. 이윽고 두 사람은 거울 앞에 가서 나란히 섰는데……
세상에! 원래부터 옷을 서로 바꿔 입지 않은 것처럼 감쪽같았다.
:: 마크 트웨인, 『왕자와 거지』

공감

10여 년 전에 출판된 어느 에세이집의 제1장 제목이 '남을 돕는 마음'이었는
데, 이런 글이 있었죠.

누군가가 인류학자 마거릿 미드에게 문명화의 최초 징후가 무엇인지 물었다.
질문자는 도구나 의류를 생각하고 있었다. 그러나 마거릿 미드는 다음과 같은 대
답으로 그를 깜짝 놀라게 했다. "부러진 대퇴골입니다." 마거릿 미드는 이내 설
명을 덧붙였다. "대퇴골이 부러지면 사냥을 할 수도, 낚시를 할 수도 없거니와 다
른 사람의 도움을 받지 않고는 자신의 몸을 방어할 수도 없습니다. 그러므로 부
러졌다가 치료를 받은 흔적이 있는 대퇴골은 누군가가 자신만 살겠다고 이 사람
을 버려두는 대신 그를 도와주었다는 의미입니다."

마거릿 미드는 다른 사람을 돌보는 것에서 문명이 시작되었다고 했어요. 이
웃은 뭔가를 얻기 위한 수단이 아니라 선택과 희생을 통해 관계를 맺어야 하는
대상이라는 것이죠. 이것이 바로 '공감'입니다. 공감은 어려운 말이지만 개념

은 매우 단순해요. 이해하기는 쉽지만 실천하기는 어려워요.

공감이란 마음으로 느낀다는 의미입니다. 마음으로 느낀다는 것은 무슨 의미일까요? 다른 사람의 입장이 되어서 그의 감정과 느낌을 공유하는 것입니다. 그리 쉬운 일은 아니죠.

친구에게 문제가 생겼다고 해 볼까요? 참견하고 싶지 않다면 핑계를 대고 친구를 혼자 두겠죠. 친구가 다시 예전처럼 밝아지기를 바라면서 말이죠. 아니면 친구 곁에서 친구의 말을 들어 주고 위로해 줄 수도 있어요. "다 지나갈 거야. 걱정하지 마. 금방 해결될 거야……" 여러분은 정말 다정한 친구네요. 아니면 친구의 얘기를 들어 주면서 함께 해결책을 찾아볼 수도 있어요. 여러분은 최고의 친구죠!

하지만 모든 문제에 해결책이 있는 건 아닙니다. 아마 친구는 뭔가 손해를 봤거나 상처를 받았거나 고통을 당했기 때문에 슬플 거예요. 여러분이 항상 친구의 고통을 없애 줄 수는 없어요. 그렇다면 가장 어려운, 다음 단계로 넘어가요. 친구의 입장이 되어서 친구가 느끼는 감정을 진심으로 이해하는 것이죠. 우리가 다른 사람에게 해 줄 수 있는 가장 큰 도움이에요. 여러분은 친구의 감정과 하나가 되어 그 감정을 공유했으며, 여러분의 일을 뒤로 미뤘습니다.

우리는 좋은 감정에도 공감할 수 있어요. 기쁨과 희망도 나눌 수 있는 거죠. 그렇다고 누군가의 기분이 좋으면 나까지 저절로 기분이 좋아지는 건 아니에요. 공감에는 노력이 필요합니다. 내가 아닌 다른 사람에게 집중해야 하고 주의를 기울여야 합니다. 공감한다는 것은 나에게서 벗어나 다른 사람의 마음속으로 들어가는 것입니다. 비유하자면, 다른 사람의 옷과 신발을 착용하고 그의 느낌과 생각을 이해하는 것입니다. 그래요, 공감은 다른 사람의 생각, 즉 우리와 다르게 사물을 보고 판단하는 방식에도 작용합니다.

본질적으로 모든 것은 관점의 문제입니다. 우리가 친구와 함께 언덕에 올라가 경치를 본다고 상상해 봐요. 우리는 모두 멋진 망원경을 들고 있습니다. 여러분은 무엇이 보이나요? 종탑이 있고 종탑 아래에는 광장이 있습니다. 누군가가 광장을 지나가다가 아는 사람을 만납니다. 그런데 여러분의 친구가 망원경을 보면서 이렇게 말합니다. "저 아래 작은 호수에 백조 두 마리가 있어. 작은 보트도 떠 있네." 두 사람이 서 있는 자리를 바꾸면 경치가 바뀝니다. 여러분이 백조와 보트를 보게 되고, 여러분의 친구는 광장과 종탑을 보게 되죠. 이렇게 공감은 다른 사람의 관점으로 사물을 보려고 하는 것이에요. 그 관점이 우리의 관점과 많이 다르다는 것을 알고 그의 경험을 공유하는 것이죠.

그러면 우리는 모두 같은 정도로 다른 사람에게 공감할까요? 그렇지 않아요. 어떤 사람은 자연스럽고 자발적으로 다른 사람에게 공감해요. 하지만 어떻게 그럴 수 있는지는 설명하지 못합니다. 또 어떤 사람은 공감 능력이 그보다 낮습니다. 자기가 보는 경치를 바꾸지 않으려고 자기 망원경만 꼭 붙들고 있죠. 그렇다면 공감 능력을 키울 수는 없을까요? 당연히 키울 수 있어요.

인터넷을 돌아다니다 보면 공감 박물관(www.empathymuseum.com)이라는 사이트를 찾을 수 있어요. 이야기와 경험과 책 등 다양한 자료를 모으면서 계속

성장하는 곳이에요. 때때로 박물관은 순회 전시를 열기도 합니다. 전시회의 제목은 '내 신발을 신고 1마일'이에요. 제목대로 거대한 신발 상자에서 가장 마음에 드는 신발을 낚시질하듯 끌어 올립니다. 모든 신발에는 사연이 담겨 있어요. 여러분은 그 신발을 신고 1마일(약 1.6킬로미터 - 옮긴이)을 걷는 동안 그 이야기를 들을 수 있습니다. 유익한 발걸음이에요. 때로는 고통스럽지만 늘 감동을 주죠. 누구든 그렇게 산책하고 나면 다른 사람이 되어 있을 거예요.

　공감은 다른 사람을 통해 우리 자신을 이해하게 합니다. 그러니까 다른 사람에게 갔다가 다시 자신에게 돌아오는 왕복 여행인 셈이죠. 이렇게 나에게서 출발하여 다른 사람에게 갔다가 다시 내게 돌아오는 여정이 얼마나 복잡한지는 모르겠어요. 그래도 우리에겐 이 여정을 쉽고 재미있고 감동적으로 만들어 주는 수많은 방법이 있어요. 바로 책 속에 들어 있는 이야기들이 그 방법입니다.

　소설은 공감이 타고 다니는 환상적인 교통수단입니다. 주인공의 모험을 통해 용기와 시련, 우정과 만남을 경험하죠. 이렇게 언어로 여행을 하는 동안 여러분만 이런 감정과 느낌을 갖는 것이 아님을 깨닫게 됩니다. 한마디로 여러분은 혼자가 아니라 경험과 욕망을 공유하는 공동체의 일원이라는 뜻이에요. 그 때문에 수천 년 전부터 사람들이 다른 사람의 이야기에 귀를 기울였던 거죠.

이내 모든 8학년 학생은 성 다니엘 주간을 무사히 통과하려면
두 가지 방법밖에 없다는 것을 확실히 알았다. 즉 무슨 수를 써서라도
배리 배그슬레이와의 만남을 피하거나(대부분 이 방법을 선택하려고 했다)
아니면 위험을 감수하고(사람들이 덜 선택하는 길을 가는 것)
배리와 친한 친구들 속에 들어가는 것이었다.
도망치는 것이 내게 유일한 선택이었다. (······) 결국 작년에 학교에서 배운
가장 중요한 것은 나 스스로 작은, 아주 작은 표적으로 변하는 것이었다.
:: 마이클 제라드 바우어, 『나를 이스마엘이라 부르지 마』

공격성

소설 『나를 이스마엘이라 부르지 마』의 주인공인 이스마엘 레소뉴의 문제가
무엇인지 이미 알아차렸나요? 처음에는 별명이 레-수뉴였다가 다음에는 레-
포뉴, 마지막에는 레-타메가 된 소년. 왕따 이야기는 많이 들어 봤을 거예요.
공격성이 널리 퍼지면 왕따가 생겨요.

여러분도 경험했는지 모르겠습니다. 그냥 왕따를 봤거나 왕따 이야기를 읽
어 본 것이기를 바라요. 보통 왕따 이야기는 가해자가 벌을 받고 반성하는 내용
으로 끝납니다. 피해자가 복수하는 경우도 있고요. 하지만 불행히도 현실은 늘
그렇지 않습니다. 학교 폭력의 가해자는 뭔가 이유가 있다고 변명할 거예요.

사실 교실이나 운동장, 즉 어른이 없는 곳에서 폭력적인 사람을 만난다면 정
말 큰일이에요. 학교 폭력의 가해자는 여러분을 모욕하고, 조롱하고, 물건을 빼
앗고, 심지어 때릴 수도 있습니다. 가해자는 다른 아이들을 데리고 다니는 경
우가 많습니다. 그 아이들은 혼자서는 힘이 없지만 가해자와 함께라면 자신이
더 강해진다고 믿습니다. 그러고는 마치 왕을 따르는 신하처럼 가해자를 따라
다니죠. 가해자가 혼자든 여럿이든 여러분이 폭력에서 벗어나는 방법은 하나
뿐이에요. 누군가에게 이야기하고 도움을 받는 거예요. 가만히 있으면 안 돼요.

그런 폭력에서 혼자 힘으로 빠져나오는 건 불가능하거든요. 원숭이를 보세요.

그래요, 공격성은 인간만의 태도가 아닙니다. 심지어 영장류 사이에서도 공격성을 볼 수 있어요! 가장 평화로운 동물로 알려진 보노보도 자주 싸웁니다.

매우 공격적인 것으로 악명 높은 침팬지는 말할 것도 없죠! 무리와 무리 간의 적대감뿐만 아니라(1970년대 탄자니아에서는 침팬지 간의 전쟁이 4년이나 계속되었어요) 무리 내부의 적대감도 큽니다. 침팬지는 무리 내부에서 습관적으로 싸우고 서로 때리고 밀칩니다.

때때로 폭력적인 침팬지는 과장된 행동을 합니다. 그러면 가장 온순한 침팬지들은 멀찍이서 돌아다니고 어미는 새끼들이 다가가지 못하게 합니다. 그러다 문제가 심각해지면 어떤 침팬지도 혼자 맞서지 않습니다. 힘을 합쳐서 서로를 보호해 주죠. '뭉치면 산다'는 말을 실천하는 거예요. 그러면 폭력적인 침팬지는 고립됩니다. 이 침팬지가 자신의 잘못을 인정하지 않으면 바로 무리에서 쫓겨납니다. 그러므로 공격성에 맞서려면 도움을 요청하는 것이 좋습니다.

그런데 여러분이 피해자가 아니라 가해자라면? 어쩌면 지금까지 여러분은 공격성 덕분에 이익을 봤는지도 몰라요. 세상에서 가장 강한 자가 승리하고, 대화와 친절보다는 자신의 능력을 과시하는 사람이 성공한다는 말을 자주 들었는지도 모르고요!

오직 다른 사람을 밟고 일어서야만 모두가 자신을 우러러보고 인기가 높아질 거라고, 다시 말해 대단한 사람이 될 거라고 생각했겠죠. 그래서 피해자를 골라 언어폭력이나 신체적인 폭력을 휘둘렀어요. 어쩌면 여러분을 쫓아다니는 약한 친구들도 함께했겠죠. 그렇게 해서 정말 리더가 되었고 원하는 것을 얻었을 거예요. 여러분이 보기에는 말이에요. 어쩌면 한동안은 폭력이 효과가 있었는지 몰라요. 그러다 결국에는 침팬지처럼 되는 거예요.

아니면 혹시 여러분은 가해자를 따라다니는 추종자인가요? 가해자에게 몸과 마음을 바치고, 재미있지도 않은 가해자의 농담과 악행에 낄낄거리지 않았나요? 그렇게 가해자에게 인정받고는 성공한 것 같았나요? 아니면 가해자를 따라다니지 않으면 여러분이 피해자가 될까 두려웠나요?

이런 행동을 하는 건 불편함, 취약성, 불안 때문이라고 해요. 이런 폭력이 발생하는 경우 이야기를 들어 줄 사람이 필요하죠. 여러분의 이야기를 들어 줄 사람은 항상 있습니다.

벤은 그것이 게걸스럽게 야옹거리는 소리를 들었다. 그리고 벌겋고 사악하며 시간을 초월한 그것의 눈을 보았다. 순간적으로 그 형상 뒤에 있는 형상을 보았다. 빛이 보였다. 그는 온몸이 털로 덮인 존재, 소름 끼치는 초월적 존재를 보았다. 그것은 다름 아닌 오직 빛으로만 만들어졌다. 바로 오렌지색 빛이었다. 죽은 빛이 생명을 흉내 내고 있었다. 두 번째 의식이 시작되었다.

:: 스티븐 킹, 『그것』

공포

스티븐 킹은 공포 문학의 대가입니다. 위의 글은 그의 소설 『그것』의 결말로 이어지는 부분이죠. 이제 악몽은 곧 끝날 것입니다. 아니, 어쩌면 끝나지 않을 수도……. 우리가 공포 영화를 보거나 공포 소설을 읽는 이유는 공포물을 좋아하기 때문입니다. 물론 모든 사람이 좋아하지는 않습니다. 어떤 사람은 공포물을 싫어하고 어떻게 그런 것이 재미있을 수 있는지 신기해합니다.

그러나 어떤 사람은 몸이 덜덜 떨리고 오들오들 추운 것이 너무 좋습니다. 그런 사람에게는 끔찍한 존재가 등장하는 영화, 책 등 선택할 수 있는 것이 정말 많습니다. 기분 나쁜 냄새를 풍기는 어두운 지하실, 길을 잃게 마련인 미로 같은 숲, 피에 굶주린 뱀파이어, 과거에서 찾아온 유령, 경솔한 과학자가 살려 낸 포악한 공룡, 안개 낀 공동묘지에서 나타난 좀비…… 생각만 해도 오싹합니다.

책과 영화에 담긴 공포는 정말 멋진 감정입니다. 공포는 강렬하고 매혹적일 뿐만 아니라 자신감까지 줍니다. 공포 영화를 보다가 가끔 눈을 감지 않으려고 애쓸 때가 있습니다. 그러면 내가 영화의 주인공이 된 것만 같습니다. 심지어 심호흡까지 하면서 눈을 부릅뜨고 무서운 장면을 계속 지켜봅니다.

주인공이 어느 집에 들어갑니다. 물론 불은 켜지 않습니다. 지하실 문고리에 손을 댑니다. 문 안에서 불길하면서도 신비로운 소리가 들려옵니다. 여러분은 팝콘을 들고 소파에 앉아 침을 꿀꺽 삼킵니다. 문을 열지 말라고 소리치고 싶습

니다. 다른 사람이 올 때까지 기다리라고 외치고 싶습니다. '문을 열면 안 돼!' 하지만 여러분은 아무 말도 못합니다. 주인공은 계단을 따라 내려가고 계단에서는 삐걱 소리가 납니다. 뭔가 무서운 일이 일어날 것만 같습니다……

여러분은 식은땀을 흘립니다. 몸이 움츠러들고 심장이 쿵쾅대다가 이내 숨이 막힙니다. 영화가 끝나고 나면 위기를 피한 것이 놀랍게만 느껴집니다. 사실 끔찍한 일은 전혀 없었습니다. 공포물을 좋아하는 여러분은 처음부터 알고 있었을 거예요. 주인공에게는 아무런 일도 없으리란 사실을요. 그래서 여러분은 이런 이야기가 좋습니다. 숨이 막힐 정도로 공포를 느끼지만, 사실 어떤 위험도 없기 때문입니다. 긴장감이 풀어지면서 기분이 좋아집니다.

그 목소리 너머로 가까이 다가오는 개들이 컹컹 짖어 대는 소름 끼치는 소리가 들렸다. 샬럿의 손이 내 손을 꼭 잡았다. 겁에 질린 우리의 눈이 문을 바라보는 동안 그 남자는 점점 더 크게 고함을 질렀다. 이윽고 그 모든 소리보다 무서운 최악의 소리가, 소름 끼치도록 야만적인 소리가 또렷하게 들렸다. 그것은 바로 사냥용 나팔이 내는 단조로운 소리였다……

필립 풀먼의 『카를슈타인 백작』에 나오는 대목이에요. 여러분은 용기를 시험하는 테스트를 통과한 거예요. 정말 멋지게!

앨리스는 언니와 나란히 강둑에 앉아 아무것도 하지 않고 있는 게 점점 지루해지기 시작했다.
언니가 읽는 책을 한두 번 들여다보았지만, 책에는 그림도 대화도 전혀 없었다.
앨리스는 생각했다. '이렇게 그림도 대화도 없는 책을 뭐하러 읽는 거야?'
그래서 앨리스는 곰곰이 생각해 보았다. (나름 열심히 고민했지만, 사실 더운 날씨 때문에
너무 졸리고 머리는 멍했다.) 데이지 꽃목걸이를 만들고 싶기는 하지만,
자리에서 일어나 꽃을 꺾는 수고를 하면서까지 그걸 만들 가치가 있을까 하고 말이다.
그때 갑자기 분홍 눈의 하얀 토끼가 앨리스 바로 앞을 달려갔다.

:: 루이스 캐럴, 『이상한 나라의 앨리스』

권태

도시의 도로를 바라보거나 우리의 일상을 생각해 보세요. 권태롭죠. 많은 사람이 가진 가장 심각한 문제가 바로 권태입니다.

우리는 의무와 계획, 만남으로 하루를 가득 채워요. 그래야 마음속에 불안이 파고들 시간이 없거든요. 그러다 지루한 생각이 들면 어찌할 바를 모릅니다. '권태는 죄악이야! 권태를 느끼는 건 정말 수치야!' 그래서 때로는 좋아하지도 않는 일을 하고 관심도 없는 사람들과 오후 시간을 보냅니다. 지루하게 홀로 가만히 있기 싫어서죠.

오래전에는 텔레비전, 인터넷, 유튜브, 휴대 전화가 없었어요. 그때는 지금보다 권태롭거나 아니면 전혀 권태롭지 않았습니다. 그러나 오늘날에는 노는데도 지루할 때가 있습니다. 어떻게 그럴 수 있을까요?

우리가 하는 게임이 너무 완벽하기에 이런 일이 일어납니다. 우리가 할 일이 전혀 없을 정도로 게임은 자동적으로 진행됩니다. 모든 것을 혼자 해내는 화면 속 게임에서 우리가 무슨 일을 할 수 있을까요?

할아버지에게 어린 시절 마당이나 골목 혹은 풀밭에서 무엇을 가지고 놀았는지 물어 보세요. 그러면 이렇게 대답할 거예요. "장난감이 없어서 주변에 있

는 모든 것을 가지고 놀았지." 할아버지는 우주 비행사, 해저 탐험가, 바다의 해적 등이 되어서 정말 놀라운 세계를 만들고 재미있게 노셨죠!

어쨌든 번잡한 도시를 벗어난 사람은 다른 방식으로 권태와 마주합니다. 권태를 두려워하지 않습니다. 권태는 기나긴 겨울의 시작이고, 침묵과 휴식의 일부이기 때문입니다. 상상해 보세요. 여러분이 밤하늘을 바라보는 모습을, 홀로 산책하는 모습을, 풀밭에 앉아 뭔가 생각하는 모습을. 상상만 해도 지겨워서 하품이 난다고요? 이상한 나라(놀라운 사건과 만남으로 지루할 틈이 없는 곳이에요)에 가기 전의 앨리스처럼 말이죠. 하지만 누군가에게 지겨운 것이 다른 사람에게는 긴장을 풀어 주고, 힘을 주고, 심리적 안정을 줍니다. 고대 그리스인은 이러한 심리적 안정을 '에우티미아'라고 불렀어요. 평정심이라는 뜻이에요.

1세기에 고대 로마의 철학자 세네카는 『마음의 평온에 관하여』를 썼어요. 그 책에서 세네카는 현재 가진 것보다 과거에 버린 것을 항상 그리워하면서 장소, 활동, 흥미, 친구를 끊임없이 바꾸는 사람들이 있다고 했어요. 그리고 늘 자신의 습관을 고집하느라 변하지 못하는 사람도 있고요. 그러면서 끊임없이 뭔가를 바꾸는 사람이든 전혀 변하지 못하는 사람이든, 둘 사이엔 아무런 차이점이

없다고 했어요. 왜냐하면 모든 사람이 자신에게 권태를 느끼기 때문입니다. 자기 자신에게 권태를 느낀다면 장소를 바꾸든 말든 아무런 소용이 없어요.

'사람은 모두 홀로 자신을 따라다니고 자신을 추적한다. 자기 자신이 견디기 힘든 동반자인 셈이다. 그러므로 우리가 불행한 느낌으로 괴로워하는 것은 장소 탓이 아니라 바로 우리 자신 때문임을 깨달아야 한다. 우리는 모든 것을 감당할 수 없기에 피곤함도, 쾌락도, 우리 자신뿐만 아니라 그 어떤 것도 그렇게 오랫동안 참지 못한다.'

세네카의 말대로 우리는 자주 우리 자신에게 싫증을 느낍니다. 계속 움직이고 수많은 활동에 시간을 쏟아도 모든 사람은 항상 자신과 함께해야 합니다. 견디기 힘든 동반자인 자기 자신 말이죠.

그러므로 불안을 가라앉히고 자기 자신과 잘 지내는 방법을 찾는 것만이 권태를 이기는 방법입니다. 사람이 많지 않은 조용한 곳에 머물면서 즐겁게 생각에 빠지는 거예요. 지루할 거라는 걱정은 하지 마세요. 그렇게 시간을 보내다 보면 붉은 눈의 하얀 토끼가 '맙소사! 너무 늦었어!'라고 소리치며 여러분 옆을 지나갈지 몰라요. 우리 마음속에 있는 이상한 나라를 찾을 수도 있고요.

신발도 양말도 없이, 맨발로
정원의 보드라운 풀밭 위에서
잠시 가만히 서서 즐긴다,
발밑의 땅과 풀밭의 싱그러움을.
그렇게 땅을 밟으니 마음이 차분해진다.
이윽고 발바닥을 간지럽히는 풀밭에서
천천히 천천히 걷는다.
발바닥이 간질간질하다.
이 마법의 융단 위를 달리고 싶어서
다리가 몹시도 근질근질하다.
발이 초록으로 물든다.
벅찬 가슴으로 달리고, 달리고, 또 달린다.
:: 로베르토 피우미니, 『행복』

기쁨

기쁨은 생명으로 나아가는 감정입니다. 유쾌의 언니, 그러니까 큰언니입니다. 유쾌보다 더 생생하고, 더 구체적이고, 더 매력적이죠. 그러므로 기쁨은 강한 감정이에요. 오래가지는 않을지라도 말이죠. 그래서 우리는 기쁜 마음이 들면 깜짝 놀라서 눈물을 펑펑 흘릴 수도 있습니다.

상상력이 풍부하고, 창조적이고, 천재적인 사람은 이런 기쁨이 많습니다. 바로 이 기쁨 덕분에 우리는 달에 갔을 것이고, 많은 질병의 치료법을 찾아냈을 것이고, 경이로운 예술 작품을 만들었을 거예요.

하지만 이 말은 터무니없는 것 같아요. 모든 우주 비행사가 유쾌하지는 않거든요. 과학자도 예술가도 마찬가지예요. 오히려 예술가는 자주 고통받습니다. 하지만 그들 모두는 마음속 깊이 심오한 삶의 기쁨을 품고 있어요. 위대한 세상에 매혹되어 세상을 더욱 위대하게 만들고 싶다는 바람을 갖죠.

우리는 이렇게 경이로운 마음을 자주 경험하고 싶어 해요. 하지만 그러려면

행운이 필요하죠. 친구들과 자전거를 타고 싶은데, 억수같이 비가 온다면? 내일 수학 시험이 있는데, 배운 내용이 전혀 기억나지 않는다면? 저녁에 라자냐 (넓고 얇은 면을 층층이 쌓아 익힌 이탈리아 요리 – 옮긴이)를 먹고 싶었는데, 수프가 나온다면? 기쁨의 눈물을 흘리기는 힘들겠죠.

하지만 친구들과 자전거를 타고 수학 시험을 잘 보고 라자냐를 먹는다고 꼭 기쁠까요? 기쁘려면 받아들일 준비가 되어 있어야 합니다. 우리 중에는 늘 준비되어 있는 사람도 있고 거의 준비되지 않은 사람도 있습니다. 항상 유쾌한 사람과 우울한 사람으로 구분할 수 있는 거죠. 하지만 유쾌한 사람이 우울해지거나 우울한 사람이 유쾌해지는 경우도 있습니다. 모두 우리가 마음먹기에 달려 있죠. 이게 무슨 뜻일까요? 이 강렬한 감정을 느끼려면 다른 사람과 미래를 향해 마음의 문을 열어야 합니다. 두려움과 불신, 비관주의로 인해 용기를 내지 못하고 혼자 떨어져 있으면 아무리 많은 기쁨의 기회가 지나가도 붙잡지 못할 것입니다.

그런데 갓 태어난 아기도 기쁨을 아는 것을 보면 기쁨은 자발적이고 보편적인 감정인 것 같습니다. 우리는 울음을 터뜨리면서 세상에 나옵니다. 우리 자신에 대해서도 모르고 주변에 무슨 일이 있는지도 모르면서 금세 기쁨을 표현하죠. 눈을 굴리면서 미소를 짓는 거예요. 시야가 넓어지고 있다는 신호입니다.

그러나 흥분하지는 말아요! 두 팔을 들고 소리를 지르면서 깡충깡충 뛰어다닐 필요는 없습니다. 진정한 기쁨은 깔깔 웃고 소란을 피우는 유쾌와 상관없거든요. 눈빛에 기쁨을 담아 미소 짓는 것으로 충분해요. 이것조차 필요 없을 때도 있죠. 어떤 충격을 받았는데도 고통을 느끼지 않고 에너지를 얻는 거예요. 그러면 마치 심장이 확장되는 것만 같아요.

기쁨은 어디서 올까요? 사소한 일에서도 기쁨이 옵니다. 다른 사람이 보기엔 시시할지라도 한순간 우리에게 마법처럼 기쁨을 주죠. 그런 기쁨은 우리가 예상하지 못한 순간에 나타나기도 합니다. 가령 맨발로 풀밭을 걸을 때처럼요.

기쁨이 한동안 지속된다면 그 신호를 알아차릴 수 있습니다. '아하! 이것 때문에 기뻤구나!' 그러면 다음에는 기쁨을 기다리지 않고 찾아 나설 수 있습니다. 때때로 어른은 부끄러움에 기쁨을 표현하지 않습니다. 힘 있고 중요한 사람일수록 진지한 모습을 보이려 하죠. 기쁨을 표현하지 않으면 결국 느낄 수도 없습니다. 그러나 이제 누군가는 기쁨을 찾는 데 전문가가 되었기 때문에 자신의 기쁨을 조금도 잃지 않고 다른 사람들에게 기쁨을 전할 수 있습니다!

이제는 기쁨이 행복과 같지 않다는 것을 알게 되었죠? 기쁨과 행복은 비슷해 보이지만 서로 다릅니다. 행복은 세상의 기준에서 벗어나 스스로 조금씩 만들어 가는 것이에요. 기쁨은 갑작스럽고 강렬해서 우리를 놀라고 당황하게 하죠. 기쁨 덕분에 우리는 삶을 단단히 붙잡고 살아가게 됩니다. 행복이 바닷물이라면, 기쁨은 거대한 파도입니다. 파도는 우리를 앞으로 밀어 줍니다. 기쁨을 이용하는 법을 배운다면 우리는 큰 결실을 얻을 수 있습니다. 기쁨은 부정적인 감정을 밀어내어 우리를 더욱 활발하고 개방적이고 호기심 가득한 사람으로 바꿔 줍니다(적어도 당분간은 말이죠). 우리를 아무도 가지 못한 곳으로 데려가고 미래의 약속과도 같은 기쁨을 맛보게 하는 것은 바로 우리 자신입니다.

1년 후 왕은 새 아내를 얻었다.
아름답지만 허영심이 많은 여인이었다. 자신보다 예쁜 사람을 보면
견디지 못했다. 새 왕비에겐 마법의 거울이 있었다.
거울을 들여다본 왕비가 말했다.
"거울아, 거울아, 이 세상에서 누가 제일 예쁘니?"
거울이 대답했다. "그야 왕비님이 제일 아름답습니다!"
그 말에 왕비는 기뻐했다.
:: 그림 형제, 『백설 공주』

나르시시즘

나르시시즘은 자신만 사랑하는 사람에게 나타나는 특징입니다. 다른 사람, 심지어 함께 등교하는 친구나 가족까지도 자기 자신을 위해 존재한다고 생각합니다. 모든 사람이 오직 그 사람을 칭찬하고, 그 사람에게 환호하기 위해 있는 것이죠.

나르시시즘이라는 말은 나르키소스에서 유래했습니다. 나르키소스는 그리스 신화에 나오는 소년이고 나중에 죽어서 수선화(나르키소스)가 되었다고 합니다. 우리는 수천 년 전의 신화를 열쇠 삼아 현재를 해석할 수 있습니다.

오비디우스의 『변신 이야기』에도 나르키소스 신화가 나옵니다. 숲의 요정인 에코가 신과 요정의 아들인 사냥꾼 나르키소스를 사랑했습니다. 나르키소스는 정말 잘생겼거든요.

나르키소스가 태어났을 때 예언자 테이레시아스는 '자기 자신을 모르면 오래 살 것'이라고 예언했습니다. 무슨 말인지 알쏭달쏭하죠? 하지만 정확한 예언이었습니다.

신화에 따르면 열여섯 살이 된 나르키소스는 너무 아름다워서 여자든 남자든, 젊은이든 노인이든 그를 보는 사람은 누구나 홀딱 반했다고 해요. 나르키소스는 경이와 감탄의 시선에 익숙해졌지만 누구의 마음도 받아 주지 않았습니

다. 어느 날 나르키소스는 울창한 숲에서 사슴 사냥을 했습니다. 그 모습에 반한 숲의 요정 에코가 나르키소스를 따라다녔습니다. 아름다운 요정 에코에게는 문제가 하나 있었습니다. 헤라 여신의 벌을 받아서 자기 말은 못하고 다른 사람의 말만 따라 해야 했어요. 그래서 에코는 나뭇잎 밟는 소리와 나뭇가지 스치는 소리를 내면서 나르키소스에게 다가갔어요. 그러자 나르키소스가 소리쳤습니다. "거기 누구요?" 그러자 에코가 대답했습니다. "거기 누구요?" 그러니 대화가 될 리 없었죠!

그래도 에코는 나무숲에서 튀어나와 나르키소스를 와락 끌어안으려 했습니다. 나르키소스는 이번에도 무시해 버렸습니다. 에코의 가슴은 갈가리 찢기는 것 같았습니다. 에코를 위로해 줄 사람은 아무도 없었죠. 에코는 외로이 동굴 속에서 실연의 상처로 눈물을 흘리다가 결국 목소리만 남게 되었습니다. 여러분도 에코, 즉 메아리 소리를 들어 본 적이 있을 거예요.

복수의 여신 네메시스는 에코의 한탄을 듣고 나르키소스에게 벌을 주기로 했습니다. 햇볕이 뜨거운 어느 날 나르키소스는 타는 듯한 갈증을 느껴 거울처럼 맑은 샘물을 찾아갔습니다. 그곳에서 나르키소스는 물을 마시려고 몸을 숙였지요. 바로 그 순간, 물에 비친 자신의 모습을 보고 자신을 사랑하게 되었습니다. 별처럼 반짝이는 눈, 찬란한 머리카락, 희고 매끈한 목. 오비디우스가 말하길, 나르키소스는 '마치 대리석 조각상처럼' 물에 비친 자신의 모습을 물끄러미 바라보았습니다. 에코가 그랬던 것처럼 나르키소스도 물에 비친 자신의 모습을 붙잡으려 했습니다. 입을 맞추고 포옹하려 했죠. 그러다 마침내 그 모습이 바로 자기 자신임을 깨달았습니다. 그런데도 나르키소스는 그 자리를 떠날 수가 없었습니다. 이제는 밥을 먹고 싶지도, 자고 싶지도 않았습니다. 오로지 물에 비친 자신의 모습에 감탄할 뿐이었죠. 그렇게 그는 점점 몸이 쇠약해져서 죽어 갔어요. 그리고 이렇게 소리쳤죠. "숲이여, 나보다 잔인한 사랑을 한 사람이 또 누가 있을까요?" 이후 그가 죽은 자리에서 피어난 꽃에 누군가가 그의 이름을 붙여 주었습니다.

나르키소스의 이야기는 신화입니다. 모든 신화가 그렇듯이 우리는 이야기 속에 숨어 있는 의미를 해석해야 합니다. 자기 자신을 너무 사랑하면 사랑과 우정을 나누지 못합니다. 나르키소스는 외롭게 죽었습니다. 그에게 다른 사람은 존재하지 않았기 때문입니다.

ı 나르시시스트(나르시시즘에 빠진 사람 – 옮긴이)도 그렇게 행동합니다. 사람들과 함께 있어도 외롭지요. 다른 사람은 그저 나르시시스트의 아름다움, 똑똑함, 매력, 재치를 칭찬해 주기 위해 존재할 뿐이거든요. 역설적이게도 나르시시스트에게는 다른 사람이 필요합니다. 그가 얼마나 멋진지 계속 칭찬해 줄 사람 말이에요. 그래서 나르시시스트에게 다른 사람은 자신과 동등한 사람이 아닙니다. 결국 나르시시즘은 외로움과 마찬가지예요.

대부분의 사람은 나르시시즘을 조금씩 지니고 있습니다. 그래서 가끔 우쭐거리며 뽐내고, 무슨 수를 써서라도 주인공이 되고 싶어 하고, 칭찬과 찬사, 인정을 바랍니다. 우리가 정말 그럴 만한 자격이 있는지는 생각해 보지도 않죠. 그냥 다른 멋진 사람을 칭찬하고 그에게서 뭐라도 배우는 편이 낫지 않을까요?

건전한 자기비판을 통해 나르시시즘을 치료할 수 있습니다.

게으른 신들은 너무 따분해서 인간을 창조했다. 게으른 아담도 따분했고, 그래서 이브가 창조되었다. 그때부터 세상에 권태가 들어왔고, 인구가 늘어나는 만큼 권태의 크기도 커졌다. 아담 혼자 따분했다가, 다음에는 아담과 이브가 함께 따분했다가, 그다음에는 아담, 이브, 카인, 아벨 가족이 따분했다. 세상의 인구가 늘어나자 사람들은 한꺼번에 따분했다. 기분 전환을 위해 그들은 하늘에 닿을 정도로 높은 탑을 만들 생각을 했다. 이 생각은 탑의 높이만큼 지루했는데, 권태가 얼마나 세상을 지배했는지 보여 주는 끔찍한 증거가 되었다.

:: 쇠렌 키르케고르, 『이것이냐 저것이냐』

나태

'나태'는 어려운 단어예요. 하지만 사실 뜻은 간단해요. 보살핌이 없다는 뜻이에요. 말하자면 괴로운 사람은 아무것도 보살피지 않는다는 의미죠.

기독교에서 나태는 큰 죄예요. 정말 심각한 죄죠. 이탈리아 작가 단테의 『신곡』을 보면 나태한 자들은 진흙투성이 늪지에 있어요. 스틱스(그리스 신화에서 저승을 일곱 바퀴 돌아 흐르는 강 - 옮긴이) 늪지는 정말 멋져요. 그 끔찍한 모습을 상상만 해도 착한 생각을 하게 된다는 의미에서 멋지다는 거예요. 나태한 사람들은 거대한 진흙탕 속에 온몸이 잠겨 있어서 잘 보이지 않아요. 그러다 더러운 물이 부글부글 끓어오를 때 거품에 비친 자신들의 모습을 보게 되죠. 자신들의 한숨 소리도 듣게 되고요. 그래서 자신들이 거기에 있음을 알게 돼요.

나태한 사람들은 확실하게 말을 하지는 않아요. 이 세상에 살 때도 그렇게 말한 적이 없었기 때문이에요. 대신 이 세상에 살아 있을 때 자신이 하지 않았던 일에 대해 후회해요. 다행히 지금 우리는 지옥 구덩이에서 아주 멀리 떨어져 있어요. 이 시대에 나태는 무겁고 두꺼운 회색 이불 같아요. 이 이불이 모든 것을 덮고 있기에 우리는 다채로운 일상을 보지 못해요. 재미있어할 수도, 깔깔 웃을 수도, 감동의 눈물을 흘릴 수도 없는 거죠. 모든 것이 심심하고 재미없어 보여요. 사실 이 이불은 세상이 아니라 우리를 덮고 있어요.

아무것도 하고 싶지 않고 재미있는 것도 없는 때가 있나요? 그냥 해야 하는 일이라서 하는 순간이 있나요? 학교에 가서도 아무것도 듣지 않고 수업에 참여하지도 않아요. 주변에서 일어나는 일에 관심도 없죠. 자동차가 주차장에 서 있듯이 나는 그냥 거기에 있을 뿐이고 시간은 계속 흘러가요. 이것이 바로 나태예요.

어떤 사람은 이런 태도(느낌이나 감정이 아니에요)가 일시적인 것이라고 생각할 수도 있어요. 다행히 대개는 그렇죠. 누구나 어떤 일에도 사람에게도 아무런 관심 없이 하루 종일 지친 몸으로 이 일 저 일을 하곤 합니다.

그러나 그런 태도가 습관이 되고 삶의 방식이 된다면 큰일이에요. 주변에서 일어나는 일에 아무런 관심 없이 보내는 건 시간을 낭비하는 것이기 때문이죠.

기억하세요, 나태는 휴식과 아무런 관련이 없다는 사실을요! 휴식은 우리의 몸과 마음에 중요해요. 에너지를 재충전하려면 휴식이 필요해요. 먹고 마시고 숨 쉬는 것처럼 우리에게는 휴식이 필요해요. 그런데 나태는 휴식이 아니에요. 천배는 더 복잡하고 강력한 게으름이죠. 그리고 혐오감이에요. 또 어려운 단어가 나왔네요! 하지만 나태는 뭔가 쉬운 것을 의미해요. 즉 열정이 부족한 것을 의미하죠. 그러니까 나태는 결핍이기도 해요. 우리 모두가 느끼는 아름답거나 추한 감정보다 더욱 애매모호하고 정의하기도 어렵죠. 그래서 나태가 위험한 거예요. 그렇다면 나태에는 정확히 무엇이 부족할까요? 바로 감정이에요! 그리고 관심이에요. 우리와 다른 사람에 대한 보살핌, 흥분, 행동하고 싶은 마음, 생활에 참여하고 싶은 욕망이 부족하죠.

나태한 사람은 행동, 아름다움, 기쁨의 적이에요. 왜냐하면 나태한 사람은 모든 것에 관심이 없고 싫증을 느끼기 때문이죠.

위대한 시인인 프란체스코 페트라르카(단테와 같은 시대에 살았어요)는 나태를 '무기력한 영혼'이라고 했어요. 그러고는 무기력 속에서 성 아우구스티누스(초기 기독교의 위대한 철학자이자 사상가 – 옮긴이)와 대화하는 상상을 했죠.

"뭐가 제일 귀찮은지 말해 보게." 이우구스디누스가 밀했어요. "눈으로 보고 귀로 들어서 알게 되는 모든 것이요." 페트라르카가 대답했죠. "맙소사, 아무것도 즐겁지 않다는 말인가?" "네. 아니면 아주 조금 즐겁죠." "그건 나태인데. 나태하면 뭘 해도 슬픈 마음이 들지." 성 아우구스티누스가 결론 내렸죠.

페트라르카는 700여 년 전에 이탈리아에서 태어났어요. 나태는 그만큼 오래된 말이죠. 요즘은 거의 쓰지 않는 이 말은 감정을 표현해요. 아니, 감정의 결핍을 의미해요. 오늘날에도 우리는 여전히 이런 감정의 결핍을 겪지요.

다른 마음 상태와 마찬가지로 나태는 우리를 가둬요. 무관심이라는 무거운 이불 속에 우리를 가두어서 꼼짝 못하게 하죠. 그러면 우리는 우리가 가지고 있는 것에 감사하지 못해요. 우리가 갖지 못한 것을 원하지도 못하게 되죠. 그렇게 조금씩 미래에 대한 꿈을 빼앗겨요. 정말 슬픈 일이죠!

프랑켄슈타인 교수 : 정말 구역질 나는 일이야!
이고르 : 더 나빠질 수도 있어.
프랑켄슈타인 교수 : 어떻게?
이고르 : 비가 올 수도 있잖아.
:: 영화 「프랑켄슈타인 주니어」

낙관주의

여기, 물이 반쯤 채워진 유리컵이 있어요. 낙관주의자는 물이 반이나 채워져 있다며 기뻐하는 반면 비관주의자는 물이 반밖에 없다며 슬퍼합니다. 낙관주의와 비관주의는 하나의 상황을 두고 반대로 평가하는 심리 상태입니다. 검은색 안경이냐, 분홍색 안경이냐의 문제죠.

물론 모든 것을 분홍빛으로 보는 사람이 더 잘 삽니다. 일상에서 마주치는 작은 난관에 결코 낙담하지 않기 때문이죠. 긍정적인 마음가짐으로 인생을 마주 보기 때문입니다. 그뿐만이 아니에요. 나쁜 일이 생겨도, 그러니까 유리컵이 바닥에 떨어져 산산조각이 나도 낙관주의자는 잠깐 하늘을 쳐다보고 말지만 비관주의자는 순간(길지 않은 순간이길 바라요) 신경이 예민해지고 낙담합니다. 이윽고 두 사람은 빗자루와 쓰레받기를 가지러 달려갈 거예요. 낙관주의자는 휘파람을 불면서, 비관주의자는 너무 쉽게 깨지는 유리컵에 대해, 너무 미끄러운 식탁에 대해, 심지어는 부당한 삶에 대해 불평하면서.

어쨌든 낙관주의자는 비관주의자보다 더 잘 삽니다. 어디서든 좋은 면을 찾기 때문에 장애물을 극복하고 변화를 향해 나아갈 수 있죠. 낙관주의자는 비관주의자보다 유연하고, 적응력이 뛰어나고, 융통성이 있습니다.

다른 사람과 함께 있을 때도 낙관주의자가 유리합니다. 모임에서 만나는 모든 사람이 좋은 사람이고 모임도 재미있을 거라고 상상한다면 그 상상이 이루어집니다. 낙관주의 덕분에 기분 좋게 모임을 시작할 수 있으니까요. 엄청나게 지루한 오후가 기다리고 있을 거라고 확신하여 투덜투덜 불평한다면 십중팔구 그 예상이 맞을 거예요. 모든 것은 내가 생각하기 나름이니까요.

왜 낙관주의자는 컵에 물이 반이나 차 있다고 생각할까요? 자신이 상황을 바꿀 수 있다는 자기 자신에 대한 믿음이 낙관적인 태도의 바탕입니다. 그리하여 비관주의자보다 쉽게 계획을 실현할 수 있는 것입니다.

때때로 낙관주의자에게는 인내심도 있습니다. 장밋빛 미래를 믿는다면 끈기 있게 노력하는 것이 당연하니까요. 낙관주의자는 어떤 상황이 닥쳐도 좋은 점을 찾아내려고 애씁니다. 그러니 모퉁이를 돌면 나쁜 일이 있을 거라고 상상하는 사람보다 훨씬 더 많은 기회를 잡을 수 있을 거예요. 영국의 유명한 정치가인 윈스터 처칠은 이런 말을 남겼어요. '낙관주의자는 어떤 어려움 속에서도

기회를 보고 비관주의자는 어떤 기회에서도 어려움을 본다.'

그러나…… '그러나'는 항상 나오기 마련입니다. 인생을 항상 장밋빛으로 보는 사람은 문제를 축소하거나 숨길 위험이 있습니다. 낙관주의로 인해 어려움과 장애물을 부정한다면 문제에 직면하여 해결하지 못할 것입니다.

그리고 무조건 긍정적이기만 하면 혹시 모를 실패에 대비할 수 있을까요? "다 잘될 거야!" 재앙 앞에서도 영화 주인공들은 그렇게 말해요. 영화라면 그럴 수 있죠. 하지만 현실에서는 어떨까요? 일이 잘될 거라고만 생각했는데 혹시라도 잘못되면 어떡해야 할까요? 우리는 대비가 되어 있을까요?

긍정적이고 낙관적인 생각은 우리가 더 나은 삶을 살도록 도와줍니다. 상황 속에서, 특히 사람에게서 가장 좋은 면을 보게 해 주죠. 문제에 지치지 않고 기분 좋게 새로운 에너지를 가지고 앞으로 나아가게 합니다. "내일은 내일의 태양이 뜰 거야!"라고 되뇌면서 말이죠. 하지만 조건이 있습니다. 이 세상에 악은 없다고 순진하게 생각하지 말아야 합니다.

순진하게만 생각하면 우리는 프랑스 계몽주의 철학자 볼테르가 쓴 철학 소설 『캉디드 혹은 낙관주의』의 주인공처럼 될 거예요. 캉디드는 스승 팡글로스에게 이런 교훈을 얻었습니다.

"코는 안경을 걸치기 위해 만들어졌고, 그래서 우리는 안경을 쓰는 것입니다. 두 다리는 바지를 입기 위해 만들어졌고, 그래서 우리는 바지를 입는 것이지요. 돌멩이는 잘려서 성을 쌓기 위해 그런 모양이 되었고, 그렇기에 남작께서는 정말 아름다운 성을 가지고 계십니다. 그리고 모든 것이 선이라고 주장하는 것은 어리석은 짓이었습니다. 그것이 최선이라고 말했어야 합니다."

그렇다고 볼테르가 비관주의를 주장하는 건 아닙니다. 그는 세상의 악을 눈앞에 두고도 '모든 것이 선이야. 이보다 좋을 수는 없어!'라고 부득부득 우기는 캉디드 같은 사람들을 철학적으로 풍자하고 있을 뿐입니다.

갑자기 마법처럼 땅이 그녀 앞에 나타났다.
질은 계속 아래로 내려갔고, 속력이 점점 줄어들었다.
강 위로 날아가는 대신 왼쪽 강둑을 향해 활강했다. 정말 놀라워……
구경할 것이 너무 많아 질은 모든 것을 보기가 힘들 정도였다.
푹신한 잔디밭, 마치 거대한 보석처럼 반짝반짝 빛나는 다채로운 범선,
크고 작은 탑, 힘차게 펄럭이는 깃발, 환호하는 군중, 짙고 화려한 의상,
햇빛에 빛나는 무기들, 검, 황금에 더하여 웅장한 음악까지 있었다.
:: C. S. 루이스, 『나니아 연대기』

놀라움

놀라움이 뭔지는 잘 알 거예요! 세상은 때로 복잡하지만 놀라울 때가 더 많거든요. 놀라움을 느끼면 당황스럽고 조금 불안해요. 하지만 뭔가 멋진 일에 놀라움을 느낀다면 열정이 솟아나고 에너지가 가득 찹니다. 결국 우리는 날마다 예상하지 못했던 일이 일어나길 바랄 거예요. 아, 오늘도 좀 놀라운 일이 있으면 좋겠어. 생각지도 못한 일이 일어나면 좋겠어. 때로는 그런 일이 일어닙니다.

그래요, 우리는 해야 할 일과 시간표에 맞춰서 살아갑니다. 당연히 놀라운 일도 별로 일어나지 않습니다. 만일 모든 것이 계속 놀랍기만 하다면 어떤 일이 벌어질까요? 통제되고 정해진 것이 아무것도 없다면? 그야말로 대혼란일 거예요! 아무리 놀라운 일을 좋아해도 대혼란 속에서는 정말 괴로울 거예요. 시계와 달력은 이웃과 함께 살아가기 위해 반드시 필요합니다.

다행히 시계와 달력대로 살아가는 일상에도 놀라운 일은 수없이 많아요. 그런 일이 일어나게 하는 건 우리에게 달려 있고요. 오래된 옷장에 들어가 마법의 세계로 뛰어들 필요는 없습니다! '밖에서는 무슨 놀라운 일이 일어날까?'라고 상상하면서 현관문을 열기만 하면 됩니다. 그렇게 크고 작은 창의적 활동을 준비해 볼까요?

고대 그리스 철학자 아리스토텔레스는『형이상학』이라는 책에서 이렇게 말했습니다.

'인간은 태초에도 그랬지만 현재에도 경이로움을 통해 철학을 실천한다. 태초부터 인간은 옆에서 일어나는 불가사의한 일에 대해 놀라움을 느꼈다. 이윽고 한 번에 조금씩 발전하면서 좀 더 큰 것에 대해 질문하게 되었다. 예를 들어 달과 태양과 별에서 일어나는 일에 대해서, 그리고 모든 것의 탄생에 대해서 의문을 품게 되었다.'

아리스토텔레스에 따르면 놀라움은 우리 주변의 일에 대해 질문하고 성찰하게 합니다. 그뿐만이 아닙니다! 미적 경험도 놀라움에서 나옵니다. 그림, 풍경, 노래, 소설, 시에 감동한다면 순간적으로 혹은 그보다 오랫동안 우리는 놀라움을 경험하게 됩니다. '우와!' 하고 감탄하면서 상상의 날개를 펼치게 되죠.

그러므로 자연의 움직임에 대해, 화가와 작가가 창작하는 수많은 환상의 세계에 대해 놀라는 능력을 잃어버린다면 어떻게 아름답거나 흥미로운 것을 찾을 수 있을까요? 어떻게 감동하거나 열광할 수 있을까요? 우리가 어떤 것에도 놀라지 않는다면 모든 것에 무관심해질 거예요. 세상은 회색으로 덮이겠죠. 열

정을 느끼려면 순간적으로 놀라는 감정에 사로잡혀야 합니다.

놀라움은 다른 감정을 느끼기 위한 일종의 발판입니다. 비록 이때 느끼는 감정이 모두 유쾌하지는 않지만 말이죠. 우리가 모르는 슬픈 상황 때문에, 또는 고통에 처한 다른 사람 때문에 놀라움을 느낄 수 있습니다. 그러나 우리가 현실과 상관없이 늘 정해진 반응만 한다면 기계와 다를 바 없습니다. 로봇이나 인공지능은 전혀 놀라움을 느끼지 못하지만 인간은 놀라움을 느낄 수 있습니다. 세상은 정말 놀라운 곳이기 때문이죠. 우리가 '우와!' 하고 감탄하는 순간 우리 앞에는 모험의 길이 열립니다. 그중 어떤 길은 언어로 만들어집니다. 『나니아 연대기』의 한 대목처럼 말이죠.

한쪽 모퉁이에서 그들은 놀랍고도 또 놀라운 일을 목격했다. 한 아치에서 사방으로 빛이 솟구쳐 나왔다. 인간이 사용하는 등불의 불빛처럼 따스하고 강렬한 노란 불빛이었다. 아치 너머 돌벽 사이로 올라가는 계단이 있었다. 강렬한 빛 덕분에 이젠 모든 것을 완벽히 구별할 수 있었다. 빛은 위쪽에서 내리쬐는 듯했다. 아치 양쪽에는 지하 세계에서 온 남자 두 명이 서 있었다.

간신히 글자를 한 자 한 자 읽고 나서 피노키오가 어떤 기분이었을지 여러분의 상상에 맡기겠다. 땅바닥에 엎드린 피노키오는 비석에 대고 수없이 입을 맞추면서 펑펑 눈물을 쏟았다. 밤새도록 울었다. 다음 날 동틀 무렵에 눈물이 말라 더 나오지 않아도 계속 울었다. 울부짖는 소리와 비탄의 소리가 너무나 애처롭고 가슴이 찢어질 듯해서 주변의 모든 언덕으로 그 소리가 메아리처럼 울려 퍼졌다. 피노키오는 울면서 말했다. "오, 나의 요정님, 왜 요정님이 죽었어요? 왜 요정님 대신 내가 죽지 않은 걸까요? 나는 정말 나쁜 아이고 요정님은 정말 착하신 분인데 말이에요…… 우리 아빠는 어디 계실까요?"

:: 카를로 콜로디, 『피노키오』

뉘우침

모두 알고 있듯이, 피노키오는 온갖 나쁜 짓을 저지릅니다. 거짓말을 하고 약속을 안 지키죠. 이야기가 시작될 때부터 거의 끝날 때까지 제페토와 파란 머리 요정에게 실망과 괴로움을 안겨 줍니다. 그러다 마지막 순간에야 눈물을 흘리고 슬픔에 빠지며 다시 돌아가기를 바랍니다. 다시 말해 피노키오는 지난 일을 뉘우칩니다.

우리가 이런 감정에 휩싸이면 무슨 일이 일어날까요? 뉘우침이라는 말 안에 답이 들어 있습니다. 우리는 양심의 가책을 느끼고 죄의식에 빠집니다. 그리고 우리의 말과 행동이 어떤 결과를 가져올지 생각합니다. 이미 저지른 행동이고 이미 내뱉은 말이죠. 어쩌면 우리는 이 잘못된 행동과 말이 가져온 결과를 바라지 않았을 거예요. 비밀을 폭로하고, 무례한 행동을 하고, 실수를 저지르고, 거짓말을 하고, 속임수를 쓰면서도 결과를 미처 생각하지 못했을 거예요. 그러나 이젠 늦었습니다. 놓아 버린 화살이고 엎지른 물이에요.

뉘우침은 우리가 책임감을 느끼는 현재에 발생하는 거예요. 정확히 말하자면 기억과 관련된 감정이기도 해요. 얼마 전이든 오래전이든, 과거로 돌아가 그 말을 하기 전에 입을 다물었기를, 그 글을 쓰기 전에 손을 멈추었기를 바라죠. 그리고 의무와 약속을 지켰기를 바라죠. '과거로 돌아가 지울 수만 있다면……' 우리에겐 타임머신이 필요하지만 아직 발명되지 않았어요.

우리는 우리 마음속을 들여다봅니다. 우리 눈에 보이는 것이 마음에 들지 않습니다. 그러나 그때도 우리는 우리였고 지금도 여전히 우리입니다! 그런데 우리가 반성하고 있다면 과거의 우리와 현재의 우리는 똑같지 않아요.

그렇게 망연자실 넋이 나간 상태인데도 아주 날카로운 가시 하나가 피노키오의 심장을 찔렀다. 경찰에 잡혀갈 때 착한 요정님 집 창문 아래를 지나가야 한다는 생각이 든 것이었다. 피노키오는 그러느니 차라리 죽고 싶었다.

어떤 경우에는 우리가 망친 것을 조금이라도 바로잡을 기회가 주어집니다.

그런데 공을 잘못 던지는 바람에 엄마가 아끼는 꽃병을 산산조각 냈다면 바로 잡을 수가 없어요. 이미 엎질러진 물이죠.

물론 잘못을 뉘우치거나 잘못을 털어놓거나 용서를 구하는 등 어떻게든 노력해 볼 수는 있습니다. 뉘우침은 미래를 바라보는 감정이기 때문입니다. 우리가 했던 말이나 행동을 지워 버릴 수는 없어요. 하지만 우리는 변화를 위해 노력할 수 있고, 다시는 그러지 않겠다고 약속할 수도 있습니다. 우리는 완벽하지 않다는 사실을, 피노키오를 포함한 모두가 실수할 수 있다는 사실을 기억하면서 말이죠.

어쨌든 가장 좋은 건 우리가 믿는 누군가에게 사실을 털어놓는 것입니다. 그러면 우리가 저지른 실수가 그리 심각하지 않다는 사실을 알게 될 수도 있어요. 심장을 찌르는 가시도 조심스럽게 빼낼 수 있겠죠.

피노키오를 변하게 하는 데는 고양이, 여우, 서커스 단장, 난쟁이 마부로는 충분하지 않았습니다. 피노키오가 다양한 사고를 쳤기에 우리는 재미난 모험을 즐길 수 있었습니다. 결국 계속된 뉘우침으로 피노키오는 진정으로 변했고요.

"그런데 나무로 만든 옛날 피노키오는 어디에 숨었어요?" "저기 있단다." 제페토가 대답하면서 의자에 몸을 기댄 커다란 꼭두각시 인형을 가리켰다. 인형은 머리를 한쪽으로 돌리고 두 팔을 축 늘어뜨린 채 다리를 꼬고 허리를 구부리고 있었다. 똑바로 서 있는 것이 기적 같았다. 피노키오는 몸을 돌려 꼭두각시 인형을 보았다. 잠시 바라보고 나서 흡족한 마음으로 생각했다. '꼭두각시 인형이었을 때 난 정말 웃기게 생겼네! 이젠 훌륭한 아이가 돼서 너무 좋다!'

피노키오는 정말 훌륭한 아이가 되었을까요?

"알아요, 여러분이 믿지 못하시는 거. 나, 심벨린 이글루는 단 한 번도
수영을 해 본 적이 없어요. (……) 제가 하고 싶은 말은, 여러분이 믿지 못한다는 거예요.
내가 절대 수영을 하지 않았다는 말을 하려는 게 아니에요.
여러분이 내 말을 믿지 못한다는 말을 하려는 거죠. 내가 한 번도 해 본 적이 없었다고 말한 것은
정말로 그랬기 때문이에요. 절대로. 인생에서 단 한 번도요. 지금 저는 아홉 살이랍니다!"
:: 애덤 배런, 『물속에 있는 소년』

당황

불행히도 누구나 한 번쯤 당황한 경험이 있습니다. 결코 수영을 배운 적이 없
지만 수영 선수인 척했던 심벨린 이글루도 마찬가지예요. 어느 날 학교에서 불
량 학생이 수영 시합을 하자고 도전했거든요. 이제 창피를 당할 것이 뻔했죠!

하지만 물고기처럼 헤엄을 잘 쳐도 당황스러운 일은 일어나기 마련이에요.
가령 계단을 오르다가 풀린 운동화 끈에 발이 걸려서 모두가 보는 가운데 넘어
질 수도 있어요. 언제든 일어날 수 있는 일이지만 정말 당황스럽죠! 그런 경우
에는 바로 일어나서 떨어뜨린 물건을 주운 다음 다른 사람들과 함께 웃어 버리
는 것이 가장 좋아요. 누군가가 넘어지면 항상 웃는 사람이 있거든요.

어린 시절의 여러분에게는 웃긴 이야기가 있을 거예요. 부모님이 그 이야기
를 하면 여러분은 당황스럽겠죠. 부모님에게는 달콤한 추억이겠지만 여러분에
게는 그렇지 않아요. 어떻게 부모님이 여러분의 마음을 모를 수 있을까요?

그것 말고도 창피한 모습은 많아요. 그중에는 피할 수 있는 것도 있죠. 예를
들어 형편없는 성적이나 벌점이 그래요. 어떻게 하면 좋은 성적을 받을지는 설
명할 필요가 없어요. 친구들과 노는 시간을 줄여서 공부를 하면 되니까요. 벌점
은 학교에서 금지하는 행동을 하지 않으면 피할 수 있고요.

때로 당황하는 것이 도움이 돼요. 여러분은 이미 그런 경험이 있지 않나요?

당황스러운 상황에서 겁이 났던 적이요. 사실 우리는 작은 실수에 당황하는 때가 많아요. 조금만 조심했다면 실수하지 않았을 거라는 아쉬움도 생기죠.

게다가 모두가 보는 데서 실수를 하면 우리는 상처를 받기 쉽습니다. 기분도 좋지 않고요. 하지만 실수를 발전의 기회로 삼는다면 누가 이익을 볼까요? 바로 우리 자신입니다! 그러니 당황스러운 상황에서 기죽지 마세요. 그냥 그런 일이 있었다고 인정하세요. 그리고 그 일을 변화의 기회로 삼으세요. 스스로 마음의 문을 닫아 버리는 건 좋지 않아요. 오히려 그런 상황을 뛰어넘고 앞으로 나아갈 수도 있거든요. 다음에는 다를 거라고 약속하면서요. 분명 그럴 거예요!

하지만 때로 상처가 너무 깊어서 당장은 장애물을 뛰어넘지 못할 수도 있습니다. 우리가 못생겼다고 느낄 때 그렇습니다. 매우 기분 나쁘고, 심지어 고통스럽기까지 하죠. 가까운 사람들이 도와주지 않으면 특히 그렇습니다. 그럴 때는 우리 자신이 이겨 내야 합니다. 어린 시절 우리는 거울을 자주 보지 않았습니다. 거울을 보더라도 우리 자신의 모습만 확인했죠. 그러나 자라면서 우리는 거울을 자주 봅니다. 그리고 다른 사람 눈에 어떻게 보일까 상상하고 우리 몸을 싫어하게 될 수 있죠.

누구나 그렇습니다. 예외는 없어요! 마른 사람은 툭 튀어나온 갈비뼈를 싫어하고, 통통한 사람은 티셔츠 밖으로 둥글둥글 튀어나온 살을 부끄러워합니다. 어떤 사람은 너무 긴 발, 부채처럼 펼쳐진 귀, 여드름, 뾰족한 무릎, 코의 모양, 머리카락 색깔 등 이것저것 창피해합니다.

우리는 다른 사람이 우리를 어떻게 생각하는지를 너무 중요하게 여겨요. 다른 사람의 판단을, 그들의 시선을 신경 쓰죠. 그리고 어떻게든 다른 사람의 인정을 받으려 합니다. 어떤 사람은 여러분에게 이렇게 말해요. "그런데 그게 정말 그렇게 중요할까?" "있는 그대로의 네 모습을 받아들여!" 그런 충고는 별로 도움이 안 돼요. 아무도 없는 곳에 숨고 싶다는 마음이 사라지지 않기 때문이죠.

우리 모두가 그런 경험을 했다는 사실에 위안을 받을 수도 있습니다. 하지만 대부분의 사람은 그런 경험을 곧 잊습니다. 못생겼다가 아주 아름다워진 사람의 이야기, 뚱뚱했다가 날씬해진 사람의 이야기 등 소설을 읽는 것이 당황스러운 경험을 잊는 데 도움이 돼요. 혹은 어른이 되어 좋은 직장을 구한 뒤에야 열등감에서 벗어난 소년 소녀의 이야기도 도움이 되죠. 『뚱보 소년 수영하다』의 주인공인 지미 켈러의 이야기가 그래요.

'상황이 더 나빠질 수도 있었어.' 지미가 생각했다. 금요일 오후가 아니었다면 햄블린은 작년과 똑같이 그에게 굴욕감을 안겨 주었을 것이다. 그때 햄블린은 자신의 결정적인 자책골을 덮기 위해 샤워장에서 지미를 모욕했다. 지미는 샤워를 하는 동안 그들이 콧김을 푸푸 내뿜으며 조롱하는 소리를 들어야 했다. 샤워가 끝나면 더 심한 고통이 기다렸다. 옷을 입으려면 수건을 벗어야 했다. 당황스럽고 꼴사나운 절망뿐이었다. 지미가 고군분투하며 신발 끈을 묶은 뒤에야 햄블린은 다른 애들을 보내 주었다. "애들아, 쇼는 끝났어."

최초의 호랑이가 물었다. "내가 무슨 짓을 했기에 이런 일이 생긴 거지?"
최초의 코끼리 타가 대답했다. "네가 사슴을 죽이면서 정글에 죽음을
풀어 놓았어. 죽음과 함께 공포가 왔지. 이제 정글에 사는 모든 동물이
서로 무서워하게 될 거야. 너도 털 없는 존재를 무서워하게 될 거고."
호랑이가 소리쳤다. "처음부터 나를 알고 있었으니 아무도 나를 무서워하지 않아."
그러나 타가 말했다. "가서 보면 알겠지."
최초의 호랑이가 무작정 달려가면서 사슴, 멧돼지, 물소, 사슴을 목청껏 불렀지만
모두 그들의 재판관이었던 호랑이 앞에서 도망쳤다. 무서웠기 때문이다.
:: 조지프 러디어드 키플링, 『정글북』

두려움

예측할 수 없는 감정인 두려움은 인생의 가장 중요한 순간에 여러분을 저 아
래 밑바닥으로 내동댕이칠 수 있습니다. 두려움의 얼굴은 하나가 아닙니다. 열
개, 백 개의 얼굴을 갖고 있지만 모든 얼굴이 사악하지는 않습니다. 두려움을
느끼는 것이 당연하고, 심지어 이로울 때도 있습니다. 어떤 때는 징밀 부석설한
두려움도 있습니다. 우리는 두려움에 족쇄를 채우는 법을 배울 수 있습니다. 눈
앞의 위험에 두려움을 느끼는 것은 본능적이고 자연스러운 방어 기제입니다.

먼 옛날 우리 조상의 삶을 상상해 볼까요? 그들은 야생 동물, 자연재해, 미지
의 땅, 적대적인 다른 종족 등 온갖 위험과 불확실성에 날마다 직면해야 했습니
다. 정말 파란만장한 삶이었죠! 두려움은 자신을 방어할 무기, 몸을 숨길 피난
처, 도망칠 도주로를 준비하라고 말하는 경고와 같습니다. 실제로 원시인은 두
려움 덕분에 생존할 수 있었습니다.

이제 석기 시대는 아니지만 그래도 두려워해야 할 상황은 있습니다. 두려움
덕분에 선사 시대처럼 신중하게 자신을 방어할 수 있고, 도망칠 수도 있습니다.
그러므로 위험 앞에서 느끼는 두려움은 늘 귀를 기울여야 하는 경종과도 같습

니다.

　때때로 이 경종은 큰 글자로 위험을 알리는 표지판이 됩니다. 또 다른 경우에는 누군가의 목소리가 되어서 그런 사람은 만나지 말라고 하고, 난간에서 몸을 내밀지 말라고 하고, 이상한 물건을 가지고 놀지 말라고 하고, 혼자 그 길을 가지 말라고 하고, 가파른 계단이나 위험한 담을 오르지 말라고 하고, 철조망을 넘지 말라고 부탁합니다. 표지판도 목소리도 우리에게 겁을 주려고 합니다. 그래야 우리가 똑똑하게 선택할 테니까요. 행동을 멈출 테니까요.

　이미 많은 사람이 했던 말이지만 다시 한 번 할게요. 어떤 상황에서는 두려워하지 않는 것이 용기가 아니라 무모함입니다.

　위험 앞에서 느끼는 두려움을 본능이라고 하는 사람이 있는가 하면, 지혜라고 하는 사람도 있습니다. 그러나 위협을 받는 느낌이 든다고 해서 정말로 위협을 받고 있는 건 아닙니다. 사실 우리를 두렵게 하는 것은 현실일 수도 있고 상상일 수도 있습니다. 위험이 없는 곳에서도 우리는 위험을 느낄 수 있다는 말이에요. 우리 앞에 있는 것이 정확히 무엇인지 모르기 때문에 벌어지는 일이지요. 가령 치과 대기실에 앉아 있으면 두렵습니다. 그러다 무서운 도구와 기계가 들어찬 진료실에 들어가는 순간이 다가오면 두려움은 최대치가 되죠. 이윽고 진료실 의자에 앉으면 오히려 무서워할 것도 없고 고통도 없다는 사실을 알게 됩니다. 현실에 있는 위험이 아니었던 거죠. 그러나 우리가 두려움을 느낀 건 사실입니다! 또한 우리는 도망치고 싶을 때도 두려움을 느낍니다.

　때때로 두려움은 우리가 알지 못하는 미래가 아니라 과거에서, 예를 들어 과거의 나쁜 기억에서 오기도 합니다. 어린 시절 공을 찾으러 이웃집 정원에 들어갔다가 사납게 짖으면서 덤벼드는 개를 만난 적이 있나요(개가 물지 않았기를 바랍니다)? 아마도 그날 이후 개보다는 고양이를 좋아하게 되었을 거예요. 다른 감정과 마찬가지로 두려움도 여러 단계로 나뉩니다. 그 단계마다 이름도 있습니다. 두려움, 불안, 공포, 공황. 이제 다양한 단계에 대해 알아볼까요?

포비아

포비아는 그리스어로 '공포증'을 뜻합니다. 거미, 뱀, 새, 곤충 같은 단어 뒤에 포비아를 붙이면 해당 동물에 대한 공포증을 의미하게 됩니다. 공허함·군중·하늘·나무·단추 포비아가 있는 사람도 있고 노란색 혹은 비에 대한 포비아가 있는 사람도 있습니다. 그런 사람들에게 어깨를 으쓱이거나 머리를 절레절레 흔들어서는 안 됩니다. 실제 위험이 없는 상황에서 그런 공포증이 이해되지 않을 수는 있습니다. 하지만 정말 고통받는 사람이 있기에 진지하게 받아들여야 합니다.

공포에 공포증을 느끼는 사람도 있습니다. 공포 공포증이죠. 새로운 말은 아니지만 뭔가 이상해 보이기는 하네요. 약 500년 전에 프랑스 철학자 몽테뉴는 『수상록』에서 이렇게 말했습니다. '내가 가장 두려워하는 것은 두려움이다.'

실수에 대한 두려움

누구나 실수에 대한 두려움이 있습니다. 최선을 다해야 하는 순간에 갑자기 두려움이 덮칩니다.

선생님이 우리에게 리투아니아의 수도가 어디냐고 묻습니다. 그리 어렵지 않은 질문입니다. 집에서 공부할 때는 아주 잘 알고 있었거든요. 그것도 어제 오후에 말이죠! 하지만 선생님이 질문하는 순간 머릿속이 비어 버립니다. 아무리 머릿속을 뒤져 봐도 답은 흔적도 없이 사라졌습니다. 여러분은 입을 다물거나 엉뚱한 도시를 말합니다. 선생님은 머리를 가로젓고 한숨을 쉰 뒤 다른 아이에게 묻습니다. 여러분은 자신에게 화가 나지만, 대신 두려움은 사라졌습니다. 그리고 잠시 후 답이 또렷이 떠오릅니다. 도대체 무슨 일이 있었을까요?

간단합니다! 실수에 대한 두려움 때문에 실수한 거예요. 어처구니없게도 사실입니다. 우리가 얼마나 열심히 준비했는지 보여 주고 싶은 마음이 너무 강하면 갑자기 두려움이 튀어나와 우리를 가로막고 곧장 실패하게 합니다. 완벽주의자, 즉 자신의 한계와 약점을 인정하지 않는 사람이 실수합니다. '어차피 난 못해……'라고 하는 사람, 즉 자신감이 없는 사람도 실수합니다.

이렇듯 사람을 화나고 귀찮게 하는 공포심을 쫓아내려면 세상에 실수하지 않는 사람은 없다는 것을 기억하세요. '완벽한 사람은 없어. 다행이야!' 부모님은 이미 그런 사실을 알고 있습니다. 완벽을 목표로 삼은 사람은 목표를 놓칠 뿐만 아니라 자칫 일을 망칠 수도 있습니다. 어쨌든 한 번 실수는 병가지상사(중요한 일을 할 때 누구나 실수할 수 있으니 실수에 집착하지 말라는 뜻이에요 - 옮긴이)니까요.

'어디선가 들었던 말이야!' 여러분은 그렇게 말할 거예요.

맞아요, 독창적인 말은 아니지만 어쨌든 사실입니다. 실수를 기회로 삼으려

면 잠시 걸음을 멈춰야 해요. 조금 뒤로 물러나 이유를 생각하고, 장애물을 도약대 삼아 뛰어올라야 합니다. 절대 쉬운 일은 아니에요. 하지만 정말 도움이 되는 일입니다.

참고로, 리투아니아의 수도는 빌뉴스입니다.

갈등에 대한 두려움

틈만 나면 논쟁을 하려는 사람이 있는가 하면, 절대 누구와도 논쟁하지 않고 모두의 의견에 동의하는 사람도 있습니다. 누구와도 논쟁하지 않고 모두의 의견에 동의하는 사람은 타협적이고 합리적일 거예요. 성격도 좋고, 생활도 평화롭고, 친구도 더 많을 거예요.

그러나 다른 사람의 의견을 따르는 게 항상 좋은 것만은 아니에요. 어떤 사람은 늘 갈등을 피합니다. 갈등이 두렵기 때문이죠. 그들은 흥분해서 목소리를 높이는 사람, 자신의 의견을 떠드는 사람을 두려워합니다. 그래서 즉시 물러납니다.

어쩌면 그들은 그래야만 자신이 받아들여질 거라고 생각할 것입니다. 다른 사람의 결정에 따라야만 친구도 인기도 잃지 않을 거라고 확신할 것입니다. 또는 늘 싸움을 하는 가정에서 성장했기 때문에 나쁜 경험을 반복하고 싶지 않을 수도 있습니다. 그래서 머리를 숙이고는 자신의 의견과 바람을 혼자만 간직합니다. 모두가 평화롭고 조화롭고 갈등 없는 인생을 원합니다. 그러나 우리 모두가 똑같은 생각을 갖고 있지는 않습니다. 때때로 우리가 믿는 것을 지키고, 우리의 이익과 권리를 보호하고, 다른 사람들에게 존중을 요구하고, 부당함에 저항해야 합니다.

어쩌면 많은 것을 얻지 못하고, 오히려 반항의 대가를 치를 수도 있습니다. 그렇지만 적어도 시도해 보았다는 것이 중요합니다! 시도조차 하지 않으면 다른 사람이 우리 대신 결정할 것이고, 우리의 의견은 중요하지 않게 됩니다. 반대 의견을 표현하지 않는 것은 포기하는 것입니다. 한번 싸워 보지도 않고 패배를 인정하는 것이죠. 1955년 로자 파크스는 일을 마친 뒤 집으로 돌아가려고 버스를 탔습니다. 버스에는 오직 백인을 위한 자리만 있었고 파크스는 백인이 아니었습니다. 바로 그날 로자 파크스 덕분에 미국에는 큰 변화가 시작되었습니다.

나는 버스 가운데에서 빈자리를 발견하고는 거기에 가서 앉았다. 버스 뒤쪽에 상당히 많은 사람이 서 있었는데, 왜 빈자리가 있는지 궁금해하지 않았다. (……) 앉아 있는 나를 보고 운전기사가 일어날 생각이 없는지 물었다. "없어요." 내가 말했다. "좋습니다. 그러면 당신을 신고하겠습니다." 그래서 이렇게 대답했다. "마음대로 해요." 사람들은 내가 너무 피곤해서 자리에서 일어나지 않은 거라고 말했다. 하지만 사실이 아니다. 나는 피곤하지 않았다. 직장에서 하루 종일 일했지만 평소보다 더 지치지는 않았다. (……) 나는 그저 늘 양보하는 것에 지쳤을 뿐이었다.

포모

로빈슨 크루소를 아세요? 300년 전 영국 소설가가 탄생시킨 선원입니다. 로빈슨은 조난을 당해 홀로 무인도에서 28년을 살았습니다. 그 기간 중 12년은 완전히 혼자였고 나머지 기간은 원주민('프라이데이'라는 이름을 붙여 주었어요)과 함께 살았습니다. 혼자였던 12년을 버티고 그는 당당하게 살아남았지요.

우리도 그럴 수 있을까요? 아마도 그러지 못할 거예요. 사실 우리는 '포모'라는 감정을 너무 자주 느낍니다. 포모('Fear Of Missing Out'이라는 영어의 머리글자를 따서 만든 말이에요)는 소외되는 것에 대한 두려움입니다. 소셜 미디어를 지속적으로 사용하면서 느끼는 공포가 바로 포모지요. 우선 친구의 게시 글이나 사진이나 동영상을 받지 못할까 두려워하는 경우가 있습니다. 반대로 우리가 초대를 받지 못한 파티나 모임의 사진을 받게 될까 두려워하는 경우도 있고요. 어떤 경우든 내가 따돌림을 당할까 봐 걱정하는 것입니다.

그런 일이 있으면 기분이 어떨까요? 내가 친구들에 비해 부족하다는 느낌이 들겠죠. 나만 빼놓고 친구들은 재미있게 노는 것만 같을 거고요. 내 옆에 제일 친한 친구가 있어도 지루하기만 하겠죠. 사실 나나 내 옆의 친구나 엄청 재미있어 보이는 사람들의 사진만 보고 있어서 지루한 것일 수도 있어요!

물론 친구들이 미친 듯이 즐거워하는 동영상이나 사진을 올리면 우리도 조금은 포모를 느낄 수밖에 없어요. 하지만 사진(또는 동영상)과 현실은 다를 때가 많아요. 폭우로 소풍을 망쳤다는 이야기는 절대 소셜 미디어에 올리지 않거든요!

그러므로 포모는 욕망하는 동시에 한탄하는 마음입니다. 게시 글을 쭉 훑어보면서 나도 거기에 있기를 바라지만, 사실 초대를 받지 못했습니다. 혹은 내가 초대를 거절한 것이 잘못된 선택이었죠. 이런 일은 우리 모두에게 일어납니다. 그래서 우리는 항상 잘못된 곳에 있는 것만 같다는 생각을 합니다. 정말 불쾌한 생각이죠!

한편 휴대 전화와 관련된 불안도 있습니다. '신호가 안 잡혀!' '와이파이가 안 터져!' '배터리가 거의 없어!' 그러면 아문이 시자되고 비극이 벌어집니다. 노모포비아, 즉 휴대 전화가 없어서 다른 사람과 연락하지 못할까 봐 불안해하는 공포증입니다.

오늘날에는 접속 없이 살아남기가 거의 불가능합니다. 불행하게도 그런 일이 일어나면 우리는 전례 없이 강렬한 불안감에 휩싸입니다. 무인도에서 오랜 세월 혼자 산 로빈슨 크루소라도 된 것처럼 말이죠. 휴대 전화도 없이요.

"그놈의 간을 물어뜯어 꿀꺽 삼킬 수만 있다면!
그것이야말로 내 아들을 위한 정당한 복수가 되련만!"
:: 호메로스, 「일리아스」

복수심

　누가 말한 걸까요? 트로이의 헤카베 왕비입니다. 아들 헥토르가 아킬레우스에게 죽임을 당한 뒤에 말한 거예요. 그러니까 여기서 '그놈'은 아킬레우스예요. 이 말에는 엄청난 고통과 슬픔이 담겨 있습니다. 한편 트로이의 프리아모스 왕은 아들을 영예롭게 땅에 묻어 줄 수 있을지를 물었습니다. 어쩐지 헤카베 왕비의 복수심이 너무 인간적으로 느껴지지 않나요?

　모욕이나 부당한 일을 당하면 우리는 분노와 원한을 품게 됩니다. 그러고는 이자까지 쳐서 갚아 주고 싶다는 강한 충동을 느낍니다. 복수를 하고 싶은 것이죠. 그러나 복수는 좋은 방법이 아닙니다.

　우선 우리는 잠시 멈추어서 우리가 겪은 모욕과 부당한 일이 정말 잘못된 것인지 생각해 봐야 합니다. 어쩌면 잘못된 일이 아니었는지도 모르니까요!

　어쨌든 정말로 잘못된 일이 있었다고 해도 복수에 집중하는 것은 우리에게 도움이 되지 않습니다. 똑같이 갚아 주고 싶은 욕망 속에는 이런 환상이 숨어 있습니다. 즉 내가 복수하면 기분이 좋아질 것이고, 잘못된 일은 없어질 것이며, 모든 것이 예전으로 돌아갈 거야! 절대 그렇지 않습니다. 복수는 잘못된 일을 지우기는커녕 오히려 키웁니다. 복수심은 우리 발목에 묶여 있는 거대한 돌과 같습니다. 그런 돌에 묶여 있으면 한 걸음도 앞으로 나아가지 못합니다. 또한 복수심은 우리를 한순간에 잡아 두는 사진과 같습니다. 사진 속의 나는 그 순간에 영원히 붙잡혀 있을 뿐입니다. 복수심으로 인해 우린 앞으로 나아가지

못하고, 그 기분 나쁜 경험 속에 계속 갇혀 있는 벌을 받습니다. 이 벌을 끝내려면 태도를 바꾸어 더는 그것에 대해 생각하지 말아야 합니다. 말은 쉽다고요? 부정적인 생각을 미래에 대한 희망으로 바꾼다면 행동도 쉬울 것입니다. 방금 일어난 일뿐만 아니라 내일 일어날 일도 생각한다면 분노는 조금씩 누그러질 것입니다. 시간이 조금 지나면 상처는 별것 아닌 것이 되겠죠. 마치 망원경을 반대로 돌려 바라보는 것처럼 말이죠.

복수를 설명하는 완벽한 말이 있습니다. '복수는 차갑게 해야 제맛'이라는 말이에요. 복수에는 때가 있으니 끈질기게 기다리라는 뜻입니다. 우리의 적이 미처 예상하지 못한 순간까지 말이죠.

일상에서는 복수가 쉽지 않습니다. 게다가 차갑게 복수하기는 더더욱 어렵습니다. 하지만 문학 작품에서는 얼마든지 멋진 복수가 가능합니다. 주인공에게 못되게 군 사람이 결국 파멸하는 이야기를 읽으면 마음이 평화로워집니다. 복수에 관한 걸작으로는『몬테크리스토 백작』이 있습니다.『삼총사』를 쓴 프랑스 작가 알렉상드르 뒤마가 1844년에 발표한 소설이죠. 그런데『몬테크리스토 백작』은 복수뿐만 아니라 용서에 관한 이야기이기도 합니다. 이 소설은 긴 시간 동안 에드몽 당테스의 인생을 보여 줍니다. 젊은 선원인 에드몽 당테스는 억울하게도 스파이로 고발을 당해 바다 한가운데에 있는 감옥에 갇히게 됩니다. 그

를 모함한 사람은 네 명이었습니다. 첫 번째 남자는 당테스의 약혼자를 사랑했고, 두 번째 남자는 당테스가 승진하는 것을 부러워했고, 세 번째 남자는 자신의 상관들에게 잘 보이고 싶었고, 네 번째 남자는 당테스를 무작정 질투했습니다.

14년간의 혹독한 감옥 생활 끝에 당테스는 정말 대담한 방법으로 탈옥에 성공합니다. 그에게는 복수를 위한 원대한 계획과 방법이 있었습니다. 이 소설은 당테스가 복수를 계획하고 실천하는 모습을 차근차근 보여 줍니다. 모험, 만남, 계략, 변장 등 흥미진진한 이야기가 펼쳐집니다. 그는 부유하고 비밀스러운 몬테크리스토 백작이 되어, 적들에게 기발한 방법으로 복수하고 은인들에게는 은혜를 갚습니다. 당테스가 복수를 실천하기까지 무려 10년간의 준비가 필요했습니다. 거기에 감옥 생활을 한 14년을 더하면 정말 긴 시간이죠. 이프 섬 감옥의 끔찍한 독방에서 그와 함께 고생한 독자들은 그를 모함한 사람들이 차례로 쓰러지는 것을 보면서 만족감을 느낍니다.

마침내 복수를 마친 에드몽 당테스는 마지막으로 연민과 용서를 보여 줍니다. 연민과 용서는 앞으로 나아가는 발걸음입니다. 복수에 대한 갈증은 해소되었고 진짜 인생을 시작할 수 있게 된 것이죠.

그날 저녁 맥스는 늑대 옷을 입었다.
온갖 나쁜 짓을 다 했고 심술을 부렸다.
엄마가 소리쳤다. "이 괴물 같은 놈아."
그러자 맥스가 대답했다. "엄마를 잡아먹을 테다."
결국 맥스는 저녁밥도 먹지 못하고 방에 갇히고 말았다.
그날 저녁 맥스의 방에서 숲이 자랐다.
숲이 커지고 커지고 또 커졌다.

:: 모리스 샌닥, 『괴물들이 사는 나라』

분노

우리가 화를 내면 세상은 어떻게 될까요? 평소와 달라집니다. 험악하고, 이상하고, 심지어는 더 어두워 보입니다. 때로 우리는 분노로 눈이 멉니다. 물론 비유적 의미에서 그렇습니다. 우리의 눈은 아무런 문제가 없으니까요. 얼굴이 붉으락푸르락 달아오르는 것도 분노 때문입니다.

또 다른 이미지가 떠오르네요. 마치 우리 몸 안에 용 한 마리가 사는 것 같습니다. 대개는 매우 깊은 동굴에서 조용히 쉬고 있죠. 너무 많이 잠자기 때문에 오랫동안 용이 있다는 것조차 깜박 잊고 있었죠. 때로는 알 만한 이유로, 때로는 도저히 알 수 없는 이유로 용이 잠에서 깹니다. 용이 깨어나면 어떤 행동을 하는지 우리는 알고 있어요. 항상 게임을 끌고 가는 건 용입니다. 용은 시뻘건 두 눈과 불타는 혀로 우리에게 명령합니다.

2,000년 전에 고대 로마의 철학자 세네카가 분노한 사람을 묘사한 적이 있습니다. 오늘날 봐도 완벽한 글이죠.

(……) 단호하고 위협적인 표정, 찡그린 이마, 어두운 얼굴, 흥분한 걸음, 바들바들 떠는 손, 얼굴색의 변화, 가쁘게 몰아쉬는 숨, (……) 눈빛이 뜨겁게 빛난다.

얼굴색이 붉게 변한다. (……) 입술이 떨리고 이를 꽉 물면서 호흡이 거칠어진다. (……) 두 손으로 계속 내려치고 두 발로 땅을 구른다.

분노가 점점 커지는 모습이 잘 나와 있죠? 정말 깊이 잠자던 용이 깨어난 것입니다.

우리가 화내는 모습을 다른 사람의 눈으로 지켜볼 수만 있다면 우리는 우리 자신을 비웃을 거예요. '주먹을 불끈 쥐고 소리를 지르면서 발로 땅을 구르는 저 난폭한 사람이 나라고? 정말 끔찍하네. 정말 웃기기도 하고. 저건 절대 내가 아냐!' 우리가 화내는 모습을 볼 수만 있다면……. 그러나 우리는 볼 수 없습니다. 용 때문에 그럴 수가 없죠. 화가 나 있는 동안에는 화가 난 이유를 듣지 못합니다. 모든 것이 흐릿해 보입니다. 기분은 더 나빠집니다. 사실 누군가가 옆에 있다면 우리에게 참으라고 하고 해결책을 제안하겠죠. 그의 말에 귀를 기울인다면 용은 도망갑니다. 용은 합리적인 조언을 싫어하거든요. 그러나 우리가 조언을 귓등으로 흘려 버린다면 용이 울부짖는 소리만 더욱 커집니다.

다행히 용은 결국 힘이 빠집니다. 불을 뿜고 고함을 지르고 흥분하지만, 대개 빨리 지쳐 버리죠. 그래서 잠에서 깼을 때만큼이나 서둘러 깊은 동굴로 돌아가서 다시 잠을 잡니다. 그러면 여러분은 무엇을 해야 할까요? 용을 훈련시키는 사람이 되어야죠. 위험하지만 매력적인 일입니다. 길게 보면 큰 만족도 줍니다.

용은 죽여서는 안 되고 감시만 해야 합니다. 용이 약간의 불꽃을 자유롭게 뿜도록 해야 합니다. 이때 불꽃은 위험하지 않습니다. 강도와 방향을 잘 잡아 주면 쓸모가 있기도 합니다.

철학자 아리스토텔레스가 말한 것처럼 화를 내기는 쉽고, 모두 화를 낼 수 있으며, 심지어 당연히 화를 내야 할 때도 있습니다! 그러나 그럴 만한 이유가 있어야 합니다. 화를 내는 대상도 정당해야 하고 화를 내는 정도, 방법, 시기도 정당해야 합니다. 그런데 정당하게 화를 내기란 매우 어렵습니다.

우리를 모욕하거나 상처 주는 것이 있다면, 우리는 불만을 표현할 수 있고 항의할 수 있습니다. 더 나아가 우리의 생각과 신념을 표현할 수도 있습니다. 아니, 그래야 합니다. 그러나 목소리를 높여서는 안 됩니다. 발을 구르고 이마를 찌푸려서도 안 됩니다. 이 정도는 할 수 있겠죠? 분노의 신호를 배우면 미리 이를 알아차리고 더 나은 방향으로 나아갈 수 있습니다. 더는 끌려다니지 않고 확실한 태도로. 훈련사는 용을 언제 얼마나 풀어 줘야 하는지, 어떻게 잠을 재워야 하는지 알고 있습니다.

분노를 연구한 어느 학자는 화가 날 때는 기다리라고 했습니다. 열까지 세면서 말이죠. 사실 일곱이나 여덟까지 세면 용은 이미 동굴로 돌아가 잠을 자는 경우가 많습니다.

나는 휴일이 싫어!
나는 스머프 포옹이 싫어!
나는 포근한 느낌이 싫어!
나는 노력하기 싫어!
나는 포옹하기 싫어!
나는 포옹 받기 싫어!
:: 「투덜이 스머프를 위한 파티」

불만

이미 고대 로마 시대부터 제노바의 선원들은 명령에 불평을 늘어놓았지만,
그래도 세계 최고의 선원으로 인정받았습니다. 그리하여 14세기에는 이런 관
습을 반영하여 두 가지 방식으로 선원을 채용했습니다. 더 높은 임금을 받고 불
평하지 않거나, 더 낮은 임금을 받고 불평하는 것이었죠.

결국 모든 선원은 선장의 명령을 따라야 합니다. 그런데도 낮은 임금을 받고
불평을 하고 싶을까요? 정말 이해되지 않는 일이에요. 대부분의 선원도 마찬가
지였어요. 그들은 '불평'하지 않고 돈을 더 받는 쪽을 선택했죠. 모든 것을 말할
자유도, 명령에 반박할 권리도 없었지만 정말 다행이었어요!

이제 우리도 제노바의 선원들과 비슷하게 행동할 수 있습니다! 난 방 청소를
하면서 툴툴거립니다. 숙제를 하면서 조금 불평합니다. 식탁을 차리면서 어제
도 이 일을 했다고 모두에게 떠들어 대죠.

그러나 심하게 불평하지는 마세요. 물론 어떤 날에는 불평하는 이유가 있을
거예요. 학교나 밖에서 크고 작은 문제가 생겼을 수 있어요. 지각을 하거나 곤
경에 빠졌을 수도 있고요. 하지만 진정한 투덜이(이 단어, 재미있지 않나요?)는 모든
일이 술술 풀리는데도 계속 구시렁댑니다. 이 정도면 투덜이 맞죠?

늘 기분이 안 좋은 사람, 끊임없이 불평하는 사람, 절대 만족하지 못하는 사

람이 옆에 있다면 정말 짜증이 날 거예요! 성격이 까다롭고 입을 잔뜩 내민 사람과 함께 있으면 누구라도 기분이 나빠질 거예요. 아무리 그날 아침 행복한 미소를 지으며 침대에서 일어났더라도 말이죠.

이제 우리는 중요한 질문을 던져 봐야 합니다. '제노바의 선원들처럼 불만을 표현하는 것이 우리 자신에게 도움이 될까?' 전혀 아니에요. 중요한 의무와 책임 앞에서 인상을 쓰고, 아무런 소용이 없는데도 투덜거리고, 모든 것을 비난부터 하는 것은 우리의 하루만 망칠 뿐입니다. 기분이 정말 나쁜 상태로 하루를 시작했고 일도 순조롭게 진행되지 않는다면(자주 그렇다는 걸 우리는 알고 있어요) 갑자기 버럭 화를 내거나 무례한 행동을 하거나, 심지어는 격렬한 말다툼을 벌일 확률이 높아요. 우리가 입을 삐죽 내밀고 쉴 새 없이 투덜거렸기 때문에 우리와 함께 있는 사람이 우리를 나쁘게 생각할 게 틀림없거든요! 알다시피 미소는 전염성을 갖고 삐죽 나온 입도 마찬가지예요.

비록 불만을 털어놓지 않더라도 성격이 까다로운 사람 혹은 끊임없이 불만을 떠들어 대는 투덜이는 수많은 방법으로 불쾌감을 표현할 것입니다. 그는 단 한 번도 아름다웠던 적도, 열정이 넘쳤던 적도, 즐거움을 누렸던 적도 없습니다. 기껏해야 그는 신중한 사람이에요. 그것도 아니라면 그저 그렇고 그런 사람

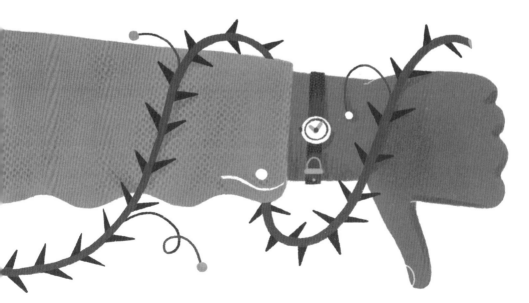

이고요. 누군가가 분수대 앞에 서라고 하면 투덜이는 벤치 뒤에 서는 것이 낫다고 말할 거예요. 여러분이 싱글벙글 웃으며 생크림 케이크가 좋다고 하면 투덜이는 과일 케이크가 더 좋다고 하겠죠. 그러면 여러분의 마음은 순식간에 식어 버립니다. 우리는 투덜이에게 불평을 멈추라고 해야겠죠. 그래야 자기 자신뿐만 아니라 우리에게도 긍정적인 마음이 생길 테니까요.

소설에도 불만이 많은 투덜이가 등장합니다. 바로 『비밀의 화원』 주인공인 메리 레녹스예요. 물론 메리의 사정을 생각하면 그렇게 불만이 많을 만도 하죠. 그래도 메리는 불만이 너무 많은 것 같아요! 메리는 자신의 불행과 상관없는 사람에게도 화를 냅니다. 당연히 친구를 사귀기도 어렵죠.

"그리고 저건 뭐야?" 창문을 가리키며 메리가 물었다.

젊은 하녀 마르타가 일어서더니 역시 창문을 가리키며 말했다. "황무지예요. 마음에 들어요?"

"아니, 끔찍해." 메리가 말했다.

"물론 그렇죠! 그게 충분하지 않다면……"

가지런히 정돈된 식탁에는 푸짐한 아침 식사가 차려져 있었다. 그러나 메리는 늘 입맛이 없었기에 역겨운 표정으로 마르타가 준비한 음식을 쳐다보았다.

"안 먹고 싶은데." 메리가 말했다.

"사탕밀과 설탕으로 맛을 낸 수프라 얼마나 맛있는데요."

"안 먹고 싶은데." 메리가 되뇌었다.

"정말 안타까워요! 맛있는 음식을 버리면 속상해요. 내 동생들이 있으면 게 눈 감추듯 먹을 텐데."

"정말!" 메리가 무심하게 말했다.

메리의 모습이 마음에 드나요?

"난 못해." 나는 더듬더듬 말했다.
"무서워하지 마." 오웬이 용기를 주었다.
"넌 원하는 건 뭐든 할 수 있어. 네가 할 수 있다고 믿으면 말이야."
오웬의 안경알이 깨끗했다. 눈이 정말 맑았다.
"사랑해." 오웬이 말했다.
"나쁜 일은 절대 안 일어나. 내 말 믿어."
:: 존 어빙, 『오웬 미니를 위한 기도』

불신

'모든 일에는 기준이 있다.' 서기 1세기에 고대 로마의 시인 호라티우스가 말했어요. 그가 남긴 문장을 더 소개하면 다음과 같아요. '모든 일에는 기준이 있다. 요컨대 정해진 경계선 안에서만 권리를 누릴 수 있다.' 그러므로 지나침이나 모자람이나 둘 다 결코 좋지 않습니다. 가령 다른 사람과의 관계가 그렇습니다.

우리는 모든 사람을 믿어야 할까요? 귀로 듣거나 책에서 읽은 모든 내용을 믿어야 할까요? 뉴스나 정보를 글자 그대로 받아들여야 할까요? 아니면 사람을 만날 때는 항상 의심부터 해야 할까요?

모든 일에는 기준이 있다고 말한 호라티우스와 함께 이 질문에 대답해 볼까요? 호라티우스는 부자에 권력이 막강한 친구 마이케나스에게 인색하게 굴지도, 돈을 펑펑 쓰지도 말라고 했어요. 이 말은 불신에도 적용돼요. 불신 외에 다른 수많은 것에도 적용되죠. 적절한 불신은 우리를 위험에서 구해 줄 수 있어요. 하지만 이 경우에는 불신보다 신중함이라고 말하는 편이 더 나을 거예요. 불필요한 위험에 빠지지 않고 생각 없이 사업에 뛰어들지 않는 것이야말로 신중하고 현명한 태도입니다!

하지만 누군가가 우리를 조종해서 거짓을 믿게 한다는 의심, 즉 우리를 이용한다는 의심은 신중한 태도가 아니에요. 오히려 인간에 대한 신뢰가 부족한 것이죠. 우리가 더 이상 신뢰하지 않으면 우정도 대화도 나눌 수 없어요.

오늘날 우리는 서로 믿지 못하는 사회에서 살고 있습니다. 큰 위험이 있고 서로가 이름을 모르는 대도시에서 특히 그렇습니다. 누군가가 우리에게 뭔가를 주는 것은 우리를 속이기 위해서라는 말을 자주 듣습니다. 우리와 너무 다른 사람들을 경계해야 한다는 말도 자주 듣죠. 길거리에서 누군가가 뭔가를 묻는다면 그건 다른 목적이 있어서라는 말도 자주 듣습니다. 불행히도 그 말들이 사실인 경우도 있지만, 늘 그런 것은 아닙니다! 사람을 만날 때마다, 길을 걸을 때마다 경계심을 보인다면 불필요한 물건을 팔려는 사람이나 우리를 이용하려는 사람을 만날 가능성은 줄어들 것입니다. 그러나 그런 감정을 가지고 계속 살아간다면 정말 슬픈 일입니다.

우리가 사는 세상은 완벽하지 않아요. 그게 사실이죠. 그러니 친구를 터놓고 만나다 보면 실망할 수도 있다는 사실을 기억해 두세요. 그렇다고 모든 사람에게 실망감을 느낄 거라는 말은 아니에요! 그러므로 항상 방어적인 자세를 취하는 것(불신에 대해 그렇게 말할 수 있을 거예요)은 슬픈 일이기도 하고 스스로 한계를 정하는 일이에요. 어찌 보면 그건 자물쇠 구멍으로 세상을 보는 것과 같습니다.

결국 불신하는 사람은 불신하는 사람하고만 관계를 맺게 됩니다. 당연한 일이에요! 우리가 의심하고 폐쇄적인 태도를 보이면 다른 사람도 눈치채고 똑같은 태도를 보이니까요. '네가 나를 못 믿으면 나도 너를 못 믿어.' 나름 논리적이지 않나요?

선한 의도로 어떤 일을 너무 많이 권하다 보면 불신감이 생기곤 합니다. 우리 주변 사람들은 자기 마음이 편하려고 우리에게 겁을 줍니다. 다시 말해 모든 사람이 나쁜 마음을 품고 있다고 알려 주면 내가 사고에 휩쓸리지도, 위험에 빠지지도 않을 거라고 생각하는 거죠. 어떤 면에서는 사실이지만…… 모든 일에는 기준이 있어요. 그러니 겁도 적당히 줘야죠.

아니면 우리가 지나치게 조심하는 걸까요? 내가 믿음을 주지 않는다면, 내가 마음의 문을 열지 않는다면 아무도 나를 비판하지 못할 거라고 생각하는 걸까요? 내 결점을 알아차리지 못할 거라고 생각하는 걸까요? 물론 그런 생각도 있습니다. 어쩐지 조금 외로워지네요.

이전 경험에서 비롯된, 어쩌면 좀 더 이해할 만한 불신이 생길 수도 있습니다. '친구나 선생님이 나를 실망시켰고, 내게 잘못을 했고, 나를 함부로 대했어. 그러니 어떻게 그들을 또 믿겠어?' 맞는 말이에요. 분하고 불신감이 드는 건 당연합니다. 그래도 우리는 그들에게 한 번 더 기회를 줘야 합니다. 입장 바꿔 생각해 보세요. 우리에게 한 번 더 기회를 준다면 기쁘지 않을까요? 우리 역시 완벽한 인간은 아니잖아요…….

가까운 사람에게 신중하고 조심스러운 태도를 보이는 건 좋아요. 그렇다고 어디에든 위험과 적이 도사리고 있다는 뜻은 아닙니다. 혼자가 되고 싶지 않다면 말이죠. 우정과 신뢰는 서로를 필요로 하므로 서로 눈을 바라보고 함께 팔짱끼고 가야 합니다.

불안한 마음에 우리는 이렇게 말한다. '우린 길을 잃었어.'
하지만 무엇 앞에서 길을 잃은 걸까?
무엇 앞에서 길을 잃었는지 우리는 말할 수 없다.
왜냐하면 전체적으로 그랬기 때문이다.
모든 사물과 우리 자신은 무관심 속으로 빠져든다.
모든 사물이 흩어져 사라지고 우리에게서 멀어진다.
그렇게 사물이 멀어지는 동안 불안이 우리를 둘러싸고 억압한다.
우리가 잡을 것은 아무것도 없다.
모든 사물이 흩어져 사라지는 동안 오로지 무만 남고, 무는 우리를 짓누른다.
불안이 무를 드러내는 것이다.
:: 마르틴 하이데거, 『형이상학이란 무엇인가』

불안

보통 공포는 불안과 헷갈립니다. 하지만 공포와 불안 사이에는 근본적인 차이가 있습니다. 가령 어린아이는 세상을 모르기 때문에 공포를 느끼지 않고, 위험을 모르기 때문에 무서운 것도 없습니다. 그래서 아기는 계속 보살핌을 받아야 하죠. 아기가 유리컵을 가지고 놀면 엄마가 빼앗아 버립니다. 아기가 다칠까봐 걱정하는 것이죠. 아기가 베란다 창문에 다가가면 엄마가 소리를 지릅니다. 아기가 떨어질까 봐 걱정하는 것이죠. 위험을 모르는 아기는 아무것도 두려워하지 않습니다.

아이가 자라고 나면 더는 엄마의 감시가 필요 없습니다. 이제는 세상에 무서운 것이 있다는 것을 배웠거든요. 그 덕분에 위험이 닥쳐도 자신을 방어할 수 있습니다. 사실 공포는 우리를 지켜 주는 최고의 무기예요. 공포가 없다면 홀로 남은 아기가 살지 못하는 것처럼 우리도 살 수 없을 거예요.

공포는 그런 거예요. 우리는 불이 나면 도망가요. 길을 건널 때는 차에 치이지 않으려고 좌우를 살피죠. 공포 덕분에 우리는 위험에서 자신을 보호할 수 있어요.

그런데 불안은 대상이 없어요. 무엇 때문에 불안한지 모른다는 뜻이에요. 그러면 우리는 어떻게 불안에서 벗어날 수 있을까요? 20세기의 중요한 철학자인 하이데거는 이렇게 말했습니다. '우리는 불안 속에서 허공에 매달려 있으며, 이렇듯 고통스럽게 허공에 매달린 상태에서는 붙잡을 것이 아무것도 없다.'

엄마가 아기를 재우는 모습을 상상해 볼까요? 엄마는 아기를 침대에 눕히고 책을 읽어 준 뒤 불을 끕니다. 아기가 아직 잠들지 않았는데도 말이죠. 어둠 속에서 당황한 아기는 미친 듯이 비명을 질러요. 어떻게 해야 할지 막막하기 때문이에요. 하이데거의 말대로 '붙잡을 것이 아무것'도 없거든요. 아기는 불안을 느껴요. 공포와 달리 불안은 그 대상이 없습니다. 불안감만 겉으로 드러날 뿐이죠.

이 책을 읽는 여러분도 불안을 느낀 적이 많을 거예요. 왠지 무서워 보이는 사람들 앞에 섰을 때, 세상을 정면으로 마주하기가 힘들 때, 미리 준비했는데도 시험을 잘 못 볼까 걱정될 때, 뭔지 모르지만 위험하다고 느낄 때 불안하죠.

질문으로 다시 돌아가 봐요. '우리는 어떻게 불안에서 벗어날 수 있을까요?' 솔직히 말하면 그럴 수는 없어요. 실망했나요? 우리는 그냥 불안이 연기처럼 차츰 사라지기를 기다리는 수밖에 없어요. 하이데거의 말처럼, 그 순간 '우리를 불안하게 한 것은 정확히 아무것도 아니었음을 깨닫는' 거죠. 위로가 되죠? 불안에서 벗어나려고 무슨 말이라도 하려고 하면 숨이 막힐 것만 같아요. 그래서 거기서 벗어나려고 걸음을 옮기는 순간 다리가 움직이지 않죠. 그렇게 우리는 불안에 따라오는 무기력을 손으로 만질 수 있어요. 그러면 불안에서도 서서히 벗어나게 되죠. 인생은 불안정하고 불확실해요. 어떤 것도 약속되어 있지 않아요. 그와 더불어 선이 있으면 악이 있고, 기쁨이 있으면 고통이 있으며, 행복이 있으면 불행도 있어요. 모두 불안이 가르쳐 주는 교훈이에요.

엄마는 항상 우리를 지켜 줄 수 있을까요? 우리가 믿는 것처럼 모든 문제에는 해결책이 있을까요? 불안은 그렇지 않다고 가르쳐 줘요. 우리의 환상을 깨 버리는 거죠. 환상을 깨지 않으면 살아가는 동안 자주 만나게 될 절망과 고통과 아픔을 견디지 못할 거예요. 그래서 이런 말도 있잖아요. '나쁜 것이 꼭 해로운 것만은 아니다.'

"이까짓 담은 사랑의 가벼운 날개를 타고 뛰어넘었죠.
돌담이 어떻게 사랑을 막겠어요. 사랑은 무엇이든 해내니까요."
:: 윌리엄 셰익스피어, 「로미오와 줄리엣」

사랑

사랑은 생명이고 존재의 의미입니다. 사랑은 세상을 움직이죠. 사랑은 우리 존재를 풍요롭게 하는 감정입니다.

이런 말은 수없이 듣고 읽었을 거예요. 정말 많은 사람이 사랑에 관한 이야기를 하고 사랑에 관한 글을 씁니다. 사랑에 대해 한 번도 말하지 않은 시나 소설은 없을 거예요. 그래서 우리 모두는 사랑에 대해 잘 알고 있다고 생각합니다.

사랑을 주고받지 못하면 얼마나 끔찍할지 우리 모두는 알고 있죠. 사랑 덕분에 우리는 어려움에 맞서고, 슬픔을 이겨 내고, 아름다운 순간을 더욱 충만하게 경험합니다. 누군가를 사랑한다는 것은 그의 행복을 바라는 거예요. 그리고 그에게 나쁜 일을 하지 않는 것이죠. 그러나 서로 사랑하는 사람들도 싸울 때가 많아요. 그러면서 서로에게 상처를 남길 정도로 심한 말을 퍼붓곤 하죠.

화가 나거나 일진이 사납거나 비가 오거나 바람이 불어서 그런 걸까요? 아니면 사랑이 끝난 걸까요? 답은 여러 개일 수 있어요. 때로는 나쁜 말을 하고 사과할 용기가 없어서 굳은 사랑이 깨져요. 오랫동안 사랑한 두 사람이 이제는 함께 사는 것이 불행해서 헤어지기도 하죠.

가장 깊고 진실한 사랑조차 식어 사라질 수 있어요. 슬픈 일이죠. 그러나 그런 일은 일어나기 마련이에요. 우리는 그걸 받아들이는 법을 배워야 하죠. 세상은 변하고 우리 또한 변해요. 그러니 사랑도 언제든 끝날 수 있어요. 사랑하는 두 사람 중 누구라도 배신감을 느낀다면 그 끝에는 고통이 기다리고 있어요.

그럼에도 절대 변하지 않는 영원한 사랑은 있어요. 모든 장애물을 훌쩍 뛰어넘는 사랑, 아무런 의심도 없는 사랑이죠. 바로 어머니의 사랑, 아버지의 사랑, 부모님을 향한 자식의 사랑입니다. 나를 세상에 낳아 기르고 교육한 사랑이 바로 부모님의 사랑이에요. 이 사랑이 없다면 우리는 길을 잃은 느낌이겠죠.

　때때로 사소한 갈등에 우리 눈이 흐려져서 사랑을 못 보기도 해요. 하지만 사랑은 우리 마음 깊이 뿌리내리고 있어서 갈등이 사라지면 다시 살아나요. 심지어 사랑이 더욱 강해지기도 하죠. 그렇다고 영원히 강해지기만 하는 것은 아니에요.

　'그는 자신만의 방식으로 그녀를 사랑해!'라는 말을 들은 적이 있어요. 사랑을 표현하는 방식은 수천 가지이고 모두 달라요. '사랑해' 혹은 '너를 정말로 원해'라고 자주 말하는 사람이 있는가 하면, 그런 말을 절대 하지 않는 사람도 있습니다. 사랑하는 이의 단점과 결점을 그냥 참아 주는 사람이 있는가 하면, 아주 사소한 결점마저 비난하는 사람도 있어요. 사랑하는 이의 자유와 선택을 존중하는 사람이 있는가 하면, 자신의 선택을 강요하는 사람도 있어요. '당신을 위해 이것을 했고 저것도 했어!'라고 끊임없이 떠드는 사람이 있는가 하면, 아무런 말도 하지 않는 사람도 있어요. 사랑하는 이와 함께 붙어 있는 것을 행복해하는 사람이 있는가 하면, 어느 정도 떨어져 있는 것을 좋아하는 사람도 있어요. 사랑하는 방식이 모두 다른 걸까요? 음, 그렇지 않을 수도 있어요.

　'중요한 것은 눈에 보이지 않아.' 생텍쥐페리의 『어린 왕자』에서 어린 왕자가 비행사에게 했던 말이에요. 하지만 사랑에서 중요한 건 정확히 보는 거예요! 구체적이지 않은 모호한 사랑, 상대를 전혀 돌보지 않는 사랑, 행동이나 말로 절대 표현하지 않는 사랑은 사랑이 아닐 거예요. 추상적인 사랑, 상대에게 전달되지 않은 사랑, 사랑받는다는 느낌이 없는 사랑은 집착이나 습관일 뿐이고 사랑이 아니에요.

　'내가 이걸 해 주면 넌 저걸 해 줘야 해.' 사랑하는 사람끼리는 이렇게 계산을 해서는 안 돼요. 내가 준 것을 내가 받은 것과 비교하지 마세요. 사랑하는 사람을 시험해서도 안 되고, 누가 더 많이 사랑하는지 측정해서도 안 돼요. 중요한 것은 눈으로 보고 마음으로 느끼는 거예요. 의심이나 불안을 만들지 마세요. 그냥 따스하게 품어 주고 응원해 주세요.

물론 불행한 사랑도 있어요. 모든 사랑이 보답을 받는 건 아니거든요. 누군가가 우리를 사랑한다고 해서 우리가 그 사람을 사랑하는 건 아니에요. 우리가 누군가를 사랑한다고 해서 그 사람이 우리를 사랑하는 것도 아니죠. 서로 사랑한다고 해도 장애물을 만날 수 있어요. 사랑이 질투와 불행의 원인이 되기도 하죠. 역사, 소설, 시, 연극에는 비극적이고 절망적인 사랑이 넘쳐나요. 그중 가장 유명한 연인은 누구일까요? 바로 로미오와 줄리엣이에요. 가장 불행한 사랑을 보여 주죠. 영국 작가 셰익스피어는 사랑에 대한 시도 많이 남겼어요.

(……) 상황이 변했다고 나도 변하고,
사랑이 작아졌다고 나도 작아진다면
그건 사랑이 아닙니다.
사랑은 폭풍우 속에서 흔들림 없이
늘 꿋꿋하게 서 있는 등대와 같고,
헤매는 범선을 이끌어 주는 별과 같으며
많은 사람이 알고 있음에도 신비로운 힘입니다.
장밋빛 뺨은 시간의 둥근 낫에 상처를 입지만,
사랑은 시간의 속임수에 당하지 않습니다.
사랑은 가장 깊은 죽음의 심연에서도
저항하면서 단시간에 변하지 않습니다.
만약 사랑에 관한 나의 이 말이 잘못으로 판명된다면,
나의 시는 없는 것이고, 사랑한 사람도 없는 것입니다.

샤덴프로이데

이 말은 독일어예요. 그래서 정확하게 번역하기가 힘들어요. 하지만 누구나 직접 느끼거나 다른 사람에게서 관찰한 적이 있을 거예요. 샤덴프로이데는 '불행에 대한 기쁨'이라는 뜻입니다. 다른 사람의 불행을 기뻐하는 사악한 감정이죠.

우리가 싫어하는 누군가가 사람들에게 욕을 먹는다면? 우리를 야단친 선생님이 넘어진다면? 우리 반 1등이 꼴찌를 한다면?

그들이 나쁜 일을 당한다고 우리가 얻을 것은 없어요. 그래도 우리는 기쁨을 느끼죠. 이 유쾌하지만 사악한 감정을 우리는 남몰래 자주 느껴요. 사실 이 감정은 우리 마음속에 숨어 있어요. 부끄러운 감정이기 때문이죠. 이런 감정을 아무렇지도 않게 드러낸다면 우리는 나쁜 사람으로 보일 거예요.

스포츠 팀의 열성 팬들은 샤덴프로이데를 잘 알고 있어요. 그런 감정을 전혀 부끄러워하지도 않죠. 우리가 응원하는 팀이 다른 팀에 몇 점 차이로 졌다고 해봐요. 그런데 다음 날 그 팀이 또 다른 팀에 진다면? 샤덴프로이데 덕분에 우리는 전날의 분노가 가라앉을 거예요.

성공한 사람들, 잘난 사람들, 사랑받는 사람들은 자석이 쇳조각을 끌어당기듯 샤덴프로이데를 일으켜요. 뭐, 그럴 수 있어요. 누군가가 자신의 분야에서 크게 인정받는데다가 우리가 잘하지 못하는 스포츠에도 능하다면 우리는 마음속으로 그를 부러워합니다. 때로는 살짝 시기하고요. 그러다 그가 실패라도 한다면 사악한 샤덴프로이데가 불쑥 튀어나오죠. 그가 실패했다고 우리가 챔피언이 되는 것도 아니고 누구에게 칭찬을 받지도 않아요. 그

래도 우리는 소소한 만족감을 느끼죠. 그러나 그 만족감은 다른 사람에게 들키지 않는 것이 좋아요. 나쁜 인상을 남기면 안 되니까요.

그런데 소셜 미디어에는 샤덴프로이데가 넘쳐납니다. 악덕이 유행이라는 말까지 있을 정도죠. 사람들은 유명인의 불행에 기뻐하고 영화배우들의 주름에 재미있어하면서도 창피함을 느끼지 않습니다. 우리 같은 보통 사람들은 익명 (이름을 숨기는 것 – 옮긴이)의 댓글로 다른 사람의 불행을 기뻐합니다. 마치 그래도 되는 것처럼 말이죠.

그렇다면 샤덴프로이데는 항상 나쁜 걸까요? 그런 듯합니다. 우리가 그런 감정을 느낄 만한 충분한 이유가 있다고 해도 마찬가지예요. 예를 들어 다른 사람의 불행으로 정의가 실현되는 경우에는 샤덴프로이데를 느낄 만합니다. 같은 반 친구가 시험에서 부정행위를 한 번, 두 번, 세 번이나 저질렀는데도 들키지 않았다고 해 보세요. 그동안 우리는 놀지도 않고 열심히 공부했어요. 그런데 그 친구는 공부를 하지도 않고 부정행위만으로 우리보다 좋은 점수를 받은 거예요. 우리는 화가 났지만 선생님에게 얘기도 못했죠. 그런데 드디어 그 친구가 부정행위를 들킨 거예요. 우리는 '정의가 이루어졌다'는 이유로 샤덴프로이데를 느끼게 됩니다. 그래도 역시 샤덴프로이데가 좋은 감정이 아닌 것만은 틀림없어요.

깊은 유대 관계로 맺어진 사람, 즉 형제자매나 친구에게도 이런 창피한 감정을 느낄 때가 있습니다. 그러면 약간의 미안함을 느끼기도 하죠. 이상한가요? 이상하지는 않지만 복잡하긴 해요.

사실 샤덴프로이데 밑에는 질투심이 깔려 있을 수도 있어요. 그러니 누군가의 불행에 기분이 좋아진다면 잠시 생각해 보세요. 이런 일시적인(그러길 바라요!) 기쁨을 느끼는 순간은 우리 자신을 이해하는 기회가 되어 줄 수 있습니다. 이 기회에 우리가 몰랐던 것을 알게 되고, 샤덴프로이데의 뿌리인 열등감을 발견하게 되니까요.

철학자 아리스토텔레스는 인간의 거의 모든 열정이 그 자체로는 선하거나 악하지 않다고 했어요. 하지만 열정이 지나치면, 즉 너무 많거나 너무 적으면 선하거나 악해진다고 했지요. '그러나 인간의 모든 행동뿐만 아니라 모든 열정이 올바른 방법만 따르지는 않는다. 이미 그 단어에 나쁜 의미의 열정이 들어 있다.' 나쁜 의미의 열정에는 다른 사람의 불행을 기뻐하는 감정도 포함되어 있습니다.

그러므로 다른 사람의 불행에 행복을 느끼는 샤덴프로이데는 고대부터 있었던 부끄러운 감정입니다.

내 성은 만수에티다. 정말 흉한 성이다. 다른 사람의 성은 모두 멋진데.
내 이름은 비올레타다. 성과 이름을 함께 부르면 토끼 말고 다른 것은 생각할 수가 없다.
사실 나는 수줍음을 너무 많이 탄다.
:: 자나 안귀솔라, 『부끄럼쟁이 비올레타』

수줍음

수줍음 많은 소녀 비올레타는 같은 반 친구인 칼리가리스처럼 쾌활하고 자신감 넘치는 사람이 되고 싶습니다. 그런데 칼리가리스는 그런 마음도 모르고 비올레타에게 온순한 제비꽃이라는 별명을 붙였습니다. 비올레타는 그 별명이 얼마나 싫은지 모릅니다! 하지만 독자들은 알고 있습니다. 비올레타의 머릿속에는 말하지 않은 수많은 것이, 그러니까 꿈과 아이디어와 계획이 들어 있다는 것을요. 비올레타는 거만한 칼리가리스보다 더 많은 생각을 품고 있습니다. 비올레타는 자신의 수줍음에 매번 10점을 줍니다. 우리도 비올레타처럼 우리의 수줍음에 10점을 줄 수 있을까요? "불쌍하게도 수줍음이 너무 많아!" "그만 좀 부끄러워해!" "자, 수줍음 좀 이겨 봐!" 여러분은 이런 말을 몇 번이나 들어 봤나요?

수줍음 타는 사람에게 이런 말을 해서는 안 됩니다. 하지만 사람들은 아무렇지 않게 이런 말을 하죠. 이런 말은 도움이 되기는커녕 오히려 숨고 싶은 마음만 들게 합니다.

수줍음 타는 사람은 쉽게 당황하고, 얼굴을 자주 붉히며, 거의 들리지 않을 정도로 작은 목소리로 말합니다. 그리고 교실에서 발표를 거의 하지 않죠. 손을 들어 친구들 앞에서 말하는 것이 불편하기 때문이에요. 친구들이 낄낄대거나 소곤거릴 것이 분명하니까요. 다른 사람들 앞에 나서는 것은 기쁘지 않습니다. 사실 학예회를 하게 되면 그런 행사가 없는 머나먼 행성으로 날아가 버리고 싶은

심정일 거예요. 그러나 수줍음 많은 사람도 알고(비올레타도 알게 될 거예요) 있습니다. 자신의 장점을 알아봐 주고, 비밀을 나눌 사람이 있다는 것 말이에요.

수줍음 타는 사람은 신중하게 생각하고 말합니다. 손을 드는 것도 힘든 일이기 때문에 발표하거나 질문하고자 하는 것이 정말 중요할 때만 손을 듭니다. 수다쟁이들은 아무런 생각 없이 말하지만 수줍음 많은 사람들은 그런 말까지 잘 들어 줍니다. 수줍음 많은 사람은 다른 사람의 주목을 받지 않는 대신 다른 사람과 자기 자신을 관찰합니다. 다른 사람의 말을 듣고 그 행동을 관찰하면서 머릿속에서 더욱 발전시켜 나갑니다. 그러므로 잘 기억합니다. 집중력도 좋습니다. 쉴 틈 없이 웃긴 말을 하느라 흥분하지도 않습니다. 시끌벅적한 게임이나 모임은 좋아하지 않습니다. 더욱 신중하고, 어쩌면 보다 깊은 우정을 좋아하기 때문입니다.

그러니까 충동적이고, 활발하며, 늘 관심을 받고 싶어 하는 사람은 조금 수줍어하고, 신중하며, 사려 깊은 친구를 두는 것이 좋습니다. 하지만 기억하세요. 수줍음 타는 사람은 약한 사람도 아니고 내향적인 사람도 아니며 까다로운 사람도 아닙니다. 오히려 그 반대입니다!

우리는 다양한 관점에서 세상을 봐야 하므로, 수줍음의 단점도 알고 있어야 합니다. 수줍음은 지혜로운 존재 방식이지 결점이 아닙니다. 하지만 안타깝게도 수줍음 많은 사람과는 가까운 친구가 되기 어려워요.

여러분의 머릿속에 있는 수많은 것을 드러내고 싶다면 차분하고 신중하게 말하는 방법을 찾으세요. 여러분이 얼마나 멋진 사람인지 알리려는 것이 아니라(여러분은 수줍어하는 사람이니까요) 여러분의 생각으로 다른 사람을 도우려는 것이니까요. 또한 아이디어와 질문과 성찰을 공유하는 것은 정말 멋진 일이니까요.

얼마 전에 3층으로 이사 온 소녀와 친구가 되고 싶으세요? 그러면 너무 고민하지 말고 그 집의 초인종을 누르세요. 그리고 같이 놀자고 하세요. 그러지 않으면 친구 사귈 기회를 놓치게 됩니다. 좋은 친구가 될 수도 있는데 말이죠.

책을 읽고 감동했다면 친구들에게 이야기해 주세요. 우리는 우리가 좋아하는 것에 대해 친구와 이야기하려고 책을 읽기도 합니다. 이야기를 통해 보이지 않지만 매우 단단한 끈으로 친구와 연결되어 있다고 느끼기 때문입니다.

모두 쉽지 않은 일이긴 합니다. 너무 많은 사람이 고함을 질러 대는데다 별로 특별한 것이 없어도 사람들은 틈만 나면 주목을 받으려고 하거든요. 그럴 때는 수줍어하는 온순한 제비꽃 비올레타처럼 하세요. 비올레타는 목표를 이루기 위해 자신에게 부담이 되는 일도 하려고 노력합니다. 예를 들어 칼리가리스에게 그런 웃기 별명 좀 그만 말하라고 하죠.

그렇게 노력하다 보면 수줍음 때문에 항상 피하기만 한 상황이 생각보다 끔찍하지 않다는 사실을 알게 됩니다. 그리고 놀라운 일이 많이 생깁니다.

여자애들이 나에 대해 말하는 것을 듣고 있으니 부끄러웠다.
마치 내가 거기에 없는 것 같았다.
내가 그 애들의 머리카락이 아니라 머리라도 자른 것처럼
나를 반항아, 장난꾸러기, 악동, 차가운 아이라고 했다!
:: 밤바, 『개구쟁이 잔니노 이야기』

수치심

고대 그리스 시인 호메로스의 작품에는 다양한 사람이 나옵니다. 그중에는 욕먹을 짓을 한 사람, 비겁한 사람, 명예를 저버린 사람도 있습니다. 그런 사람들은 당연히 수치심을 느꼈고 수치심은 죽음보다 더 큰 벌이었습니다.

「일리아스」에서 전쟁의 승패가 결정된 뒤에 헥토르는 트로이 성문 밖에서 아킬레우스를 기다렸습니다. 그러면서 헥토르는 자기 자신에게 이렇게 말했습니다. "내 어리석은 행동으로 트로이 군대는 파멸했다. 트로이 사람들 앞에서 너무나 부끄럽다. 어느 날 나보다 지위가 낮은 사람이 '자만한 헥토르가 나라를 멸망시켰다'고 말할까 봐 두렵다." 견딜 수 없는 수치심을 이기기 위해 헥토르는 그리스 전사 중 가장 강한 아킬레우스와 싸워야 했습니다. 그 결과는 너무나 분명했지만 말이죠.

이제 명예는 예전만큼 중요하지 않습니다. 부끄러움도 마찬가지입니다. 그래도 우리는 수치심이 뭔지 잘 알고 있습니다. 우리는 어떤 일에 수치심을 느낄까요? 음, 답하기가 쉽지는 않습니다.

수치심은 내가 아닌 다른 사람의 눈으로 나를 보는 것입니다. 마치 무대에 올라가 모두의 시선을 받는 것과 같습니다. 아니, 모두의 비웃음을 받는 것과 같습니다. 유행하는 옷을 입지 못해서, 쉬는 시간에 모두가 하는 게임을 못해서, 친구들처럼 멋진 생일 파티를 못해서 창피합니다. 멋진 자동차도, 큰 집도 없

어서 창피합니다. 친구들은 벌써 어른 같은데 나는 아직도 아이 같아서 창피합니다. 축구장에서 헛발질만 해서, 다른 아이들과 어울리지 못해서 창피합니다. 아이들은 이런 나를 비웃으며 수군대겠죠? 그래서 창피합니다. 너무 창피합니다!

우리가 우리 자신에 대해 부정적으로 판단하는 것이 아닙니다. 다른 사람이 나를 부정적으로 판단할 거라고 생각하는 것입니다. 그럴 때는 차라리 누군가에게 털어놓으세요. 그러면 그 사람은 다른 사람의 판단에 너무 신경 쓰지 말라고 조언할 것입니다. 특히 신발이나 게임 같은 경우가 그렇습니다. 정말 좋은 조언이죠.

우리가 수치심을 느끼는 이유는 다양합니다. 우리 내면에 그 이유가 숨어 있습니다. 사실 우리는 우리의 행동이나 말 때문에 수치심을 느낄 때가 많습니다. 그런 행동이나 말을 하지 말았어야 했다면서 말이죠. 혹은 우리가 틀렸거나 잘못했다는 것을 깨달을 때도 있습니다.

어린 시절 우리는 수치심을 몰랐습니다. 하지만 자라면서 규칙을 배우게 됩니다. 인정받고 사랑받으려면 어떻게 행동해야 하는지 배우게 되죠. 올바른 것과 잘못된 것을 배우게 됩니다. 나쁜 행동을 했을 때 우리는 수치심을 느낍니다. 비록 아무도 내 잘못을 모른다 해도 말이죠. 다른 사람에게 말도 못하고 나 혼자 느끼는 수치심이기 때문에 더욱 얼굴이 화끈거립니다. 예를 들어 학교에서 시험을 볼 때 우리는 부정행위를 저지를 수 있습니다. 부정행위가 발각된다면, 특히 모두 앞에서 발각된다면 우리는 얼굴을 붉힐 것입니다. 수치심은 그런 식으로 외부에 드러나거든요. 하지만 부정행위를 들키지 않고 좋은 점수를 받았다면 어떨까요? 우리는 스스로 꾀가 많다고 생각할 수도 있고, 공부를 하고도 좋은 점수를 못 받은 친구들보다 똑똑하다고 생각할 수도 있습니다. 그러나 마음속으로는 불편한 감정을 느낍니다. 칭찬을 받을수록 불편한 마음은 더 커집니다. "잘했어!" "네가 자랑스럽다!" "넌 정말 열심히 공부했구나! 오늘은 쉬

렴." 그런 칭찬을 받을 자격이 없다는 것을 우리는 잘 알고 있습니다.

남몰래 수치심을 느끼기에, 전혀 기쁘지 않습니다. 결국 다른 사람들에게는 아무런 잘못이 없다는 것을 알기에, 그저 자기 자신을 비난할 수밖에 없습니다.

거짓말을 했기 때문에, 친구를 속였기 때문에, 소중한 사람에게 실망감을 주었기 때문에 우리는 수치심을 느낍니다. 우리는 약속을 했지만 지키지 않았습니다. 우린 비밀을 폭로했습니다. 우리는 모두 앞에서 곤경에 처한 친구를 비웃었습니다. 가장 약한 아이가 괴롭힘을 당할 때 우리는 고개를 돌렸습니다. 인터넷에서 친구의 계정에 나쁜 댓글을 달았습니다.

아무도 우리를 신고하거나 벌주지 않을 것입니다. 우리는 어깨를 으쓱하고 잊어버릴 수도 있습니다. 그러나 불편하고 짜증이 나고, 심지어 고통스러운 느낌이 우리를 괴롭힙니다. 마치 내가 다른 사람이 되어 나 자신을 바라보는 것 같고 내가 싫어하는 누군가를 구경하는 것 같습니다.

우리 마음이 이런 불편한 감정을 얼른 끄지 않는다면 도움이 될 수도 있습니다. 그런 불편한 감정을 느끼는 바로 그 순간 그것을 피하는 방법을 알게 됩니다. 다시 말해 우리가 실제로는 더 나은 사람이거나, 혹은 앞으로 더 나은 사람이 될 수 있음을 알게 됩니다.

목동은 없는데 양 떼만 있도다! 사람들은 모두 똑같은 것을 원하며, 모두가 똑같다.
남들과 다르다고 느끼는 사람이 있다면, 그는 스스로 정신 병원으로 걸어 들어간다.
:: 프리드리히 니체, 『차라투스트라는 이렇게 말했다』

순응

　　우리가 모두 그랬던 것처럼 그 애에게도 꼬리표를 붙여 비슷해 보이는 친구들
과 함께 묶으려고 했지만 '독특함', '특이함', '제정신이 아님'이라는 말밖에 할
수가 없었다. (……) 그 애는 이유 없이 웃었다. 음악이 없어도 흔들흔들 춤을 추
었다. 친구들은 없었지만 학교에서 그 애만큼 친근한 사람은 없었다. 그 애는 오
늘이자 내일이었다. 그 애는 아리송한 선인장 꽃향기였고 어느덧 스쳐 지나간 불
길한 올빼미의 그림자였다. 그 애가 있으면 우리는 어떻게 해야 할지 몰랐다. 우
리는 그 애를 나비처럼 코르크판에 핀으로 고정하려 했지만 그 애는 그 핀을 뚫
고 날아가 버렸다.

　『스타걸』의 주인공인 수잔 캐러웨이에 대한 설명입니다. 이 책은 자유를 강
력히 부르짖는 동시에 순응에 대해 말합니다. 이 책의 내레이터인 리오는 수잔
을 사랑하게 되고 둘은 사귑니다. 하지만 학교에서 수잔이 따돌림을 당하자 리
오는 수잔의 편이 되어 주지 않습니다. 리오는 수잔을 다른 친구들과 똑같이 바
꾸려고 합니다. 그래야 친구들이 수잔을 받아들일 테니까요. 누구든 『스타걸』
을 읽으면 리오처럼 수잔의 용기에 마음을 빼앗길 수밖에 없어요. 또한 자신의
개성을 지키는 수잔을 질투할 수밖에 없지요. 어쩌면 우리는 리오처럼 행동할
지 몰라요. 우리 모두는 어느 정도 순응주의자거든요.
　순응주의자는 순응하는 사람이에요. 순응은 멋진 일이지요. 그런데 무엇에
순응하는 걸까요? 규칙? 법? 예의? 아니에요! 순응주의자는 흐름을 따라요. 가

장 유행하는 행동과 생각을 맹목적으로 따르는 거죠. 마음속으로는 반대하면서도요. 무리에서 튀려면, 나만의 길을 가려면, 다른 의견과 관점을 표현하려면 단호해져야 해요. 그리고 뭔가를 희생해야 하죠. 하지만 순응하는 것은 편하고 쉬워요. 무리를 따르면 되거든요. 무리는 독창성을 거부하고 획일성을 추구해서 주위에 경계선(즉 울타리)을 쳐요. 우리는 이런 옷을 입고, 이런 음악을 듣고, 이런 일에 깔깔 웃는 남자들(혹은 여자들)이야. 이런 획일성을 따르지 않는다면 무리에 들어가지 못해요. 리오가 수잔에게 말한 것처럼 말이에요.

> 내가 말했다. "야, 나 쳐다보지 마. 우린 지금 재네 얘기를 하는 거잖아. 재네 말이야. 내게 권한이 있다면 난 절대 너를 바꾸지 않을 거야. 있는 그대로의 네 모습이 좋아. 하지만 세상에 우리만 사는 게 아니잖아? 싫든 좋든 우리는 저들의 세상에서 살고 있어."

사람들이 만든 단단하고 폐쇄적인 세상에서 순응하지 않는 사람은 대가를 치러야 합니다. 외로움, 침묵, 따돌림, 험담, 악플 같은 대가 말이죠.

물론 주목을 받거나 반응을 보기 위해 이상하고 특이한 행동을 하는 사람도 있습니다. 하지만 그냥 자신만의 취향과 생각을 지키고 싶은 사람도 있기 마련이죠. 진실한 반순응주의자, 즉 용기를 내어 자신만의 방식으로 생각하고 무리에서 나오는 사람은 타인의 판단에 크게 신경 쓰지 않아요. 자기 자신의 생각에 더욱 관심을 보일 뿐이죠. 100여 년 전에 독일 철학자 니체는 순응주의야말로 게으름과 비겁함의 표시라고 했어요.

우리 모두 알고 있는 비밀이 있죠. 우리 모두는 독특한 존재이고, 세상에 나와 똑같은 사람은 없다는 거예요. 모든 인간은 두 번 다시 태어나지 못할 기적과도 같은 존재입니다. 하지만 용기 있게 이 말을 하는 사람은 거의 없어요.

'도대체 왜 인간은 자기 자신에게 만족하지 못하고 무리로서 생각하고 행동하려는 것일까?' 니체의 질문이에요. 두려움 때문에, 정확히는 게으름 때문에 우리는 본모습을 숨깁니다. 아예 독특한 자신의 모습을 알지도 못하죠. 진정 자유로운 존재가 되지 못하는 거예요.

니체는 은유와 비전이 풍부한 문장으로 순응에 대해 들려줘요. '춤추는 별을 낳으려면 마음속에 혼돈을 품어야 한다.' 『스타걸』이 떠오르지 않나요? 음악 없이도 춤출 수 있는, 별처럼 반짝이는 소녀 말이에요.

봄이 돌아왔다고
봄에게 화내지 않겠다.
해마다 그렇듯
의무를 다하기에
봄을 고발하지 않겠다.
알고 있다,
나의 슬픔이 초록을 멈추게 하지 못하리란 것을.
심지어 상상할 수도 있다,
우리가 아니라
타인이 이 순간 이 뒤집힌 자작나무
그루터기에 앉아 있는 모습을.
속삭이고,
웃고,
조용히 침묵하는 그들의 권리를 존중한다.
:: 비스와바 쉼보르스카, 「풍경과의 이별」

슬픔

　폴란드의 위대한 시인 비스와바 쉼보르스카는 햇빛이 환한 물굽이와 따스한 봄기운에 다시 꽃이 피는 풍경을 물끄러미 바라봅니다. 그러면서 마냥 기뻐할 수만은 없는 슬픈 마음에 대해 말합니다. 쉼보르스카는 행복한 사람을 시샘하지 않고 봄을 비난하지도 않습니다. 어떤 것도, 어떤 사람도 원망하지 않습니다. 하지만 쉼보르스카는 돌이킬 수 없는 상실감에 슬퍼하고 있습니다.

　소중한 것을 잃으면 우리는 슬퍼집니다. 이런 강렬한 감정이 우리를 덮치면 새봄이 와도 소용없습니다. 오히려 그 반대죠. 찬란한 햇빛 속에서도 우리 마음에서는 가을 냄새가 납니다. 시든 낙엽과 안개 자욱한 계절의 냄새가 납니다.

　절대 슬퍼하지 않기는 힘듭니다. 슬픔은 더욱 짙어집니다. 누군가를 사랑하는 것만으로도 우리는 눈물 가득한 슬픔에 휘말리게 됩니다. 그리고 무방비 상

태가 됩니다. 친구를 잃거나 인생의 한 시기(예를 들면 유년기)를 잃었을 때 그럴 수 있습니다. 사랑하면 할수록 감정은 더욱 예민해지고 그만큼 상처를 받기도 쉽습니다. 한마디로, 우리는 성장하면서 수많은 놀라운 능력을 갖추게 되고 그 중에는 슬픔을 느끼는 일도 포함됩니다.

어린 시절 우리는 슬프면 눈물 콧물 흘리면서 큰 소리로 울었습니다. 그렇게 우리의 고통을 다른 사람에게 분명하게 표현했지요. 그러면 얼른 누군가가 달려와 우리를 달래 주었습니다. 우리는 금세 마음이 풀어지고 다시 기분이 좋아졌습니다! 하지만 커 가면서 슬픔은 다르게 다가왔습니다. 이제 우리는 어릴 때처럼 슬픔을 시끄럽게 표현하지 않습니다. 마음의 문을 닫고 외롭게 슬픔을 견디려고 합니다. 이제는 얼른 누군가가 달려올 수 없으니 금세 위로를 받지도 못합니다. 위로가 쉬운 것도 아니고요. 그러나 소중한 누군가가 우리의 마음을 함께한다면 슬픈 순간을 견디고 이겨 낼 수 있습니다.

우리가 잃어버린 대상이 어떤 역할을 하고 얼마나 중요한지에 따라 슬픔의 단계가 나뉩니다. 약속된 선물을 못 받아서 슬프다면 그렇게 심각한 일은 아닙니다. 그런데 선물을 받아야 할 만큼 커다란 사건이나 이별이 있었다면 슬픈 마음이 드는 건 당연하고 오히려 슬퍼해야 합니다. 그런 때는 불안해하지 말고 서둘러 슬픔에서 벗어나려고도 하지 마세요. 슬픔에는 시간이 필요합니다. 그 시간에는 명상, 추억, 후회, 향수 등 슬픔을 구성하는 많은 요소가 필요해집니다.

슬픔은 하던 일을 멈추고 쉬는 것으로 나타날 수도 있습니다. 어떤 때를 통과하는 것, 다시 말해 어떤 변화의 시점을 지나는 것이 슬픔으로 나타나는 거죠. 간혹 슬픔 속에는 우리가 겪은 경험의 의미가 숨어 있습니다. 그럴 리가 없다고요? 예를 들어 볼게요. 때로는 이별 때문에 우정에 금이 갑니다. 슬픔을 느끼기 시작하는 바로 그 순간 우리는 그때까지 별것 아닌 것 같던 우정의 강도와 가치를 깨닫기도 합니다.

몇 년 전 『언젠가 이 고통이 유용할 것이다』라는 소설이 출간되었습니다. 떠

날 줄을 모르는 슬픔 속에서 아무것도 못하고 구석에 처박혀 있을 때 떠올릴 만한 성발 벗신 제복입니다. 그러나 슬픔은 떠나갈 거예요. 이건 확실한 사실입니다. 물론 흔적이 남고 여러분은 조만간 그 의미를 이해하게 되겠죠. 슬플 때는 좋은 날이 올 거라는 말도, 경험이 우리를 더욱 강하게 만들어 줄 거라는 말도, 시간이 상처를 낫게 해 줄 거라는 말도 듣고 싶지 않습니다. 모두 어리석고 뻔한 위로처럼 들리기 때문입니다. 그러나 그런 말에 귀를 기울이는 것이 좋습니다. 스며드는 슬픔을 단번에 끊어 버리는 유일한 방법은 무관심인데, 그건 우리가 원하지 않으니 말이에요. "작별 인사를 어렵게 하는 것이 내게 있다니, 나는 정말 행운아야." 곰돌이 푸는 말합니다.

우리는 푸의 말을 믿어야 합니다. 행복을 느껴야만 슬픔에서 벗어날 수 있기 때문이죠.

옛날에 한 신사가 있었다. 신사는 둘째가라면 서러워할 정도로 오만방자한 여자와 재혼했다. 그 여자에겐 엄마와 성격이 똑같고, 마치 두 개의 물방울처럼 엄마를 쏙 빼닮은 두 딸이 있었다. 신사에게도 딸이 한 명 있었지만 상상할 수 없을 정도로 착하고 유순한 아가씨였다. 결혼식이 끝나자마자 계모는 곧 사악한 성품을 드러냈다. 계모는 신데렐라의 착한 성품을 견딜 수 없었다. 신데렐라와 비교하니 자신의 딸들이 그 어느 때보다 비호감이었다.

:: 샤를 페로, 『신데렐라』

시기심

누구나 '신데렐라' 이야기를 알 거예요. 우리는 신데렐라의 의붓언니들이 시기심에 사로잡혀서 얼마나 마음을 갉아먹히는지 알아요!

시기심과 함께 자주 나오는 말은 '갉아먹다'입니다. 실제로 시기의 감정이 우리 마음속에서 벌이는 일이 바로 그것이에요. 시기심은 대들보 속에 사는 나무좀처럼 우리를 갉아먹습니다. 아무리 크고 튼튼한 대들보라도 끊임없이 오랫동안 잘근잘근 갉아먹히면 심각하게 손상되기 마련입니다.

물론 순간적으로 시기심이 나타났다 바로 사라지는 경우도 있어요. 그러면 시기심은 우리 마음속에 뿌리를 내리지 못하죠. 어쩌면 시기심이 좋은 효과를 발휘하여 누군가와 경쟁하도록 우리를 부추길 수도 있습니다. '어떻게 저렇게 기분이 좋아 보이지? 부럽다!' 어느 날 아침 시무룩하게 집에서 나오다가 유쾌하고 긍정적인 친구를 만난다고 해 봐요. 그러면 나도 미소를 지으려고 노력하다가 조금 웃을 것입니다. 그러나 누군가가 갖고 있는 물건이나 그가 얻은 성공 때문에, 혹은 누군가가 더 예쁘고, 운동을 더 잘하고, 인기가 더 많아서 시기심을 느낀다면 아무리 미소를 지어도 소용없습니다. 시기심은 사라지지 않을 테니까요. 오히려 시기심은 우리 마음속에 숨어서 우리를 변화시킵니다.

이탈리아 신학자 토마스 아퀴나스는 시기심이 다른 사람에게 좋은 일이 일어났을 때 느끼는 슬픔이라고 말했습니다. 그만큼 자연스러운 감정이라는 것이죠. 누가 가르쳐 주지 않아도, 그 본보기를 보여 주지 않아도 우리는 시기심을 느낍니다. 우리에게 그런 좋은 일이 생기지 않았다고 해서 우리가 무언가를 뺏긴 것은 아니에요. 그래도 우리에게는 시기심이 생깁니다.

19세기 덴마크 철학자 쇠렌 키르케고르는 시기심이 은밀한 경탄과 다름없다고 했습니다. 우리는 다른 반 혹은 같은 반 친구처럼 예뻐지고 싶고, 멋있어지고 싶고, 운동을 잘하고 싶고, 용감해지고 싶을 거예요. 우리는 멀리서 그들을 관찰하고 우리 자신과 비교해 봅니다. 그러고는 그들이 우리보다 낫다고 인식하고 은밀하게 감탄합니다. 그러나 그런 사실을 인정하고 싶지 않기에 시기심으로 마음을 갉아먹습니다.

많은 것이 운에 달려 있습니다. 그러나 운과 관련 없는 것도 있어요! 누군가의 성공, 행복, 심지어 인기도 노력의 결과임을 인정하려면, 즉 그에게 그럴 자격이 있다고 인정하려면 똑같은 노력이 필요합니다. 물론 우리는 그 사람을 흉내 낼 수 있습니다. 하지만 그러고도 그 사람처럼 되지 못할까 봐 걱정합니다.

시기심이라는 나무좀이 아무리 우리를 잘근잘근 씹고 오도독오도독 깨물어도 우리는 더 아름다운 외모도, 더 나은 실력도, 더 큰 용기도 갖지 못합니다. 운동을 잘하게 되지도 않고요. 시기심으로 눈살을 찌푸리고 화난 표정을 짓는다면 우리는 더욱더 인기를 얻지 못할 것이고 더 편한 인생을 살지도 못할 거예요.

눈빛에는 시기심이 새겨져 있습니다. 시기하는 사람들은 사악한 눈빛으로 힐끔힐끔 다른 사람을 탐색합니다. 위대한 시인 단테는 이 사람들을 연옥에 배치하여 절벽을 등지고 나란히 앉아 있게 합니다. 이들은 돌 색깔의 무겁고 거친 망토를 걸치고 있으며, 두 눈은 철사로 꿰매져 있습니다. 끔찍한 모습입니다. 이들은 살아 있는 동안에는 사악한 눈으로 다른 사람을 탐색하기만 하다가 이제 죽어서는 억지로 자신의 내면을 바라보아야 합니다. 시기심을 보여 주는 대표적인 인물이 유라이어 힙입니다. 그는 찰스 디킨스의 소설 『데이비드 코퍼필드』의 등장인물입니다. 이 작품에는 두 개의 붉은 태양처럼 활활 타오르는 은밀한 눈빛에 대한 묘사가 나옵니다. 성실하고 친절하지만 불행한 소년이었던 데이비드 코퍼필드는 모험과 만남을 통해 결국 성공과 사랑, 평화를 얻게 됩니다. 우리는 책을 읽으면서 어린 나이부터 상점에서 일하고 나중에는 법률 사무실에서 일하는 주인공의 인생을 따라가게 됩니다. 그러면서 데이비드 코퍼필드가 만난 인물인 유라이어 힙의 교활함과 위선을 알아차리게 되죠.

다음은 데이비드 코퍼필드와 유라이어 힙이 처음 만나는 장면입니다.

> 그의 얼굴이 내 쪽을 향하고 있긴 했지만, 중간에 원고가 있어서 그가 나를 볼 수 없을 거라고 한동안 생각했다. 하지만 조금 짜증이 나서 좀 더 자세히 살펴보니, 그의 잠 못 드는 두 눈이 마치 두 개의 붉은 태양처럼 원고 아래에서 이따금 불쑥 나오더니 매번 1분 동안 나를 뚫어져라 몰래 쳐다보고 있었다. 그동안 그는 어느 때보다 빠르게 펜을 움직이고, 아니 움직이는 척하고 있었다. 그 시선에서 벗어나려고 몇 번이나 노력했다. (……) 하지만 그의 눈은 또다시 나를 끌어당겼다. 나는 그 두 개의 붉은 태양에 눈길을 줄 때마다 얼른 시선을 회피하거나 태양이 지듯 시선을 내렸다.

이 삐딱하고 은밀한 시선이 바로 유라이어 힙의 위선을 드러내는 신호입니다. 유라이어는 모두에게 계속 거짓 칭찬을 늘어놓고 겸손한 척합니다. 하지만 사실 깊디깊은 시기심이 그의 마음을 갉아먹고 있었고, 결국 그는 추락하고 말아요. 시기심 때문에 다른 사람의 눈을 정면으로 쳐다보지도 못하죠.

내 의도의 옆구리를 찌르는 박차는 오직 치솟는 야망뿐이지만
야망은 너무 높이 뛰어올라 반대쪽에 떨어져 버리지.
:: 윌리엄 셰익스피어, 「맥베스」

야망

야망이란 무엇일까요? 어떤 목적을 이루려는 욕망, 공부·직업·운동을 통해 인생을 바꾸려는 욕망이고 다른 사람들보다 돋보이고 싶은 바람이에요.

야망에는 두 개의 얼굴이 있어요. 긍정적인 얼굴과 부정적인 얼굴이죠. 인간의 모든 일이 그렇듯이 복잡한 문제죠.

"마음만 먹으면 지금보다 더 많이 할 수 있겠지만…….""난 조금만 공부하고 시험에 통과한 것에 만족해." 이런 말을 한다면 우리 능력에 비해 목표가 너무 낮은 거예요. 이렇게 목표를 낮게 잡는 것은 게으름 때문일 거예요. 이런 경우 야망은 목표를 높이는 원동력이 되어 주죠. 건강한 야망은 우리를 멀리까지 데려다주는 추진력이에요.

그렇다면 얼마나 멀리 데려다줄까요?

긍정적으로 보면 야망이 있는 사람은 자신의 발전을 목표로 해요. 평범한 결과에 만족하지 않고 더 나은 것을 바라죠(정확히 말하면 야망을 가져요). 야망이 있는 운동선수는 시합에서 이기고 싶어 해요. 야망이 있는 학생은 최고 점수를 목표 삼아 끈질기게 공부하죠. 야망이 있는 과학자는 위대한 발견을 하거나 이론을 증명하기 위해 실험하고 연구해요.

한마디로 긍정적인 야망은 아이디어, 목표, 계획과 연결되어야 해요. 야망 자체가 목적이 아니에요. 야망은 우리가 상상하는 목적지에 이르기 위한 에너지일 뿐이죠. 우리의 인생이 항해라면 야망은 키잡이예요. 키잡이는 나침반과 육분의(각도와 거리를 재는 광학 기계 - 옮긴이)를 눈여겨보면서 바람과 해류와 돛을 이

용해 항구에 도착하죠. 야망이 없는 사람은 그저 파도에만 의지하여 항해해요. 뱃머리에 앉아 바닷바람을 쐬면서 아무 곳에나 도착하기를 바라죠.

그러니 다른 사람에게 끌려다니지 않으려면, 자기 인생의 주인이 되려면, 미래를 향해 나아가려면 건전하고 생산적인 야망을 품어야 해요. 그러나…….

르네상스 시대 이탈리아의 위대한 문학가인 프란체스코 귀차르디니는 말했어요. 명예로운 방법으로 야망을 키우는 사람과 온갖 수단으로 야망을 채우려는 사람은 다르다고요. 그러면서 야망이 조금도 없으면 냉담해지고 야망을 신처럼 떠받들면 양심과 인간성을 잃는다고 했죠.

야망에는 한계가 있어야 해요. 우선 우리 옆에 있는 사람을 존중해야 하죠. 그러지 않으면 셰익스피어의 비극 「맥베스」처럼 숨어 있는 얼굴이 드러납니다. 「맥베스」는 권력에 대한 야망을 표현한 작품 중에서 가장 유명해요.

맥베스는 중세 스코틀랜드에서 던컨 왕을 섬기는 귀족이었어요. 그는 아내와 함께 왕좌를 차지하겠다는 야망을 키웁니다. 야망을 실현하려면 던컨 왕과 충신들을 모두 제거해야 하죠. 수많은 죄를 저지르고 무서운 악몽을 꾸면서도 맥베스는 권력을 향한 야망을 절대 멈추지 않습니다. 물론 이 작품은 비극이기 때문에 맥베스도, 그의 아내도 끝이 좋지는 않아요.

한계 없이 폭주하는 맥베스의 야망은 사랑, 우정, 성실함, 맹세를 짓밟습니다. 중요한 것은 이겨서 자신의 야망을 실현하는 것이기 때문이죠. 너무 높이 뛰어올라 반대쪽에 떨어져 버리는 야망이에요. 반대쪽에는 아무것도 없는데 말이죠.

다행히 평범한 사람의 야망은 이런 무서운 결과를 만들지 않아요. 그래도 방해물이 나타나 앞을 가로막을 위험은 있어요. 우리가 예절과 예의를 무시하게 만들 수도 있죠. 우리 것이 아닌 남의 것을 탐내게 만들 수도 있고요. 다른 사람은 규칙을 지키면서 최선을 다해 목적지에 도착하려 하는데, 우리는 야망을 좇아 편하고 부정한 지름길로 가려고 하기도 하죠.

야망이 있는 사람들의 목적이 모두 같은 것은 아니에요. 어떤 야망은 가치 있지만 어떤 야망은 이기적이고 비열하죠. 목표가 이런 차이를 만들어요. 사실 맥베스에게는 단 하나의 목표만 있었어요. 미래의 밤과 낮을 절대 권력으로 지배하겠다는 목표였죠. 이런 야망은 파멸의 씨앗을 품고 있어요.

물론 이제는 왕이 되겠다는 야망을 품은 사람은 없어요. 그래도 권력을 탐내는 사람은 많죠. 다른 사람에게 명령하고 싶고, 자신에게 굽실대는 사람을 주변에 두고 싶다는 야망이죠. 야망이 지나치게 크면 우리는 왕좌에 홀로 앉아 있는 우리 자신밖에 보지 못합니다.

그러니 꿈을 실현하도록 우리를 몰아붙이는 적절한 야망과 우리를 외롭게 하는 지나친 야망 사이에서 균형을 잡아야 해요. 그게 우리의 임무예요.

팁은 막대기를 허공에 던졌다가 단박에 다시 잡은 다음
두 팔로 가슴을 꼭 안고는
경쾌하고 빠른 스텝을 밟으면서 열광적으로 이렇게 되뇌었다.
"그가 살아 있어! 살아 있어! 살아 있어!"
:: 라이먼 프랭크 바움, 『환상의 나라 오즈』

열정

단어의 뿌리를 파헤치는 건 별로 재미있는 일이 아니에요. 하지만 열정이라는 단어는 재미있을 거예요. 영어의 열정(enthusiasm)이란 말은 그리스어에서 '안'을 의미하는 엔(en), '신'을 의미하는 테오스(thós), '본질'을 의미하는 아우시아(ousía)에서 유래했어요. 자신 안에 신의 본질을 가지고 있다는 뜻이죠. 정말 멋진 이미지가 떠오르지 않나요? 짜릿한 모험에 몸을 던지고, 좋아하는 일에 시간과 에너지를 쏟고, 프로젝트와 아이디어에 열광하게 하는 힘이 바로 열정이기 때문이죠. 하지만 오늘날의 열정은 고대 그리스의 열정과 다릅니다.

고대 그리스에서 열정이라는 말은 피티아에게 쓰였어요. 피티아는 아폴로 신과 인간을 이어 주는 여자 사제였죠. 사실 아폴로 신의 말씀을 전하는 것은 피티아의 몸을 빌린 아폴로 자신이었어요. 이것이 바로 열정이었죠.

피티아는 깊은 바위틈 수증기 가득한 어두운 동굴에 살았어요. 그리고 열정에 사로잡힌 피티아는 질문하는 사람들에게 대답을 해 주었어요. "전쟁에서 누가 이길까요?" 장군들이 물었습니다. "어디에 새 나라를 세우는 것이 좋을까요?" 지도자들이 물었습니다. 그러면 안에 신을 품고 있던 피티아는 절대 확실하고 명확하게 대답하지 않았어요(신들은 절대 명확하게 대답하지 않거든요). 피티아는 모호하고 불가사의한 메시지를 전달했기 때문에 해석이 필요했어요. 예를 들어 볼게요. "나는 모래알을 하나하나 세고 바다의 크기를 재니……" 혹은

"지금 네 집 조각상이 일어나서 땀을 흘리고 있다"라는 식이었어요. 다들 그 뜻을 궁금해했고 보통은 자신에게 가장 편한 해석을 선택했어요.

수백 년이 지난 18세기 말에 독일 철학자 이마누엘 칸트는 열정을 비판했어요. 열정에 빠진 사람이 지나치게 흥분하고 너무 많은 힘을 쏟고 나면 결코 이성적으로 사고하지 못한다는 거죠.

반면 이후의 많은 철학자는 열정에서 창조적인 힘을 보았어요. 행동하고 느끼고 만들어 내는 추진력을 보았죠. 이제 우리는 열정을 이렇게 바라볼 수 있어요. 즉 뭔가에 맹목적으로 집착하는 위험한 생각이 아니라 다른 사람과 세상을 정면으로 마주 보는 뜨거운 방식이라고 말이죠.

우선 열정은 늘 희망을 포함하고 있어요. 기쁨과 즐거움과 낙천주의를 품은 긍정적인 태도이기도 하죠. 물론 장애물을 만나면 열정이 조금 식을 수도 있고 사라질 수도 있습니다. 하지만 완전히 사라진 건 아니에요. 열정의 불씨는 마음속 어딘가에 살아 있죠.

그러면 폴리애나라는 소녀에 대해 이야기해 볼까요? 폴리애나는 20세기 초에 출판된 소설의 주인공이고 가슴에 무한한 열정을 품고 있어요.

폴리애나는 기분 좋을 이유가 별로 없어요. 어린 시절에 엄마가 돌아가셨고 이제는 아버지까지 돌아가셨거든요. 그래서 미국 보스턴 근처 대저택에서 외롭게 살고 있는 이모와 함께 살아야 했어요. 넓은 방이 아주 많은데도 이모는 숨막히는 작은 다락방을 쓰라고 했어요. 거울도 없고(폴리애나는 이렇게 말해요. "다행이야. 거울이 없으니 날마다 주근깨를 안 봐도 되잖아.") 그림도 없는 방이었어요("괜찮아. 창밖으로 그림보다 아름다운 풍경이 보이잖아."). 저녁 식사 시간에 늦으면 폴리애나는 부엌에서 하녀 낸시와 함께 빵과 우유를 먹어야 했어요(하지만 폴리애나는 빵과 우유를 너무 좋아하고 낸시도 좋아했기 때문에 너무 기뻤어요).

"너는 손쉽게 모든 일에 기쁨을 느끼는 것 같구나." 낸시가 다소 비꼬는 투로 말했다. 폴리애나는 빙그레 웃었다. "그냥, 놀이라서 그래요." "놀이라고?" "네, 기쁨 놀이요. 어떤 상황에서든 기쁨을 주는 것을 찾는 거예요. 그게 무엇이든 상관없어요. 아빠랑 목발 때문에 시작한 놀이예요." "원, 세상에! 대체 뭐가 기쁘다는 거니? 인형을 원했는데 목발을 받아 놓고." (……) "그야 간단해요! 목발을 안 써도 되니까 기쁘잖아요." 폴리애나가 의기양양하게 말했다.

때로 폴리애나는 아버지에게 배운 놀이에 너무 열중해요. 그 모습이 너무 순진해 보이거나, 심지어는 짜증을 일으킬 수도 있어요. 하지만 폴리애나는 폭풍 속의 바위처럼 꿋꿋이 불행에 맞서고 사람들의 마음을 열어요.
조금이라도 폴리애나를 따라 해 보세요!

누군가가 에이미에게 가장 큰 고민이 무엇이냐고 물었다면 주저하지 않고 "그야 내 코지" 하고 대답했을 것이다. 에이미는 점점 변덕이 심해졌다. 모두의 칭찬과 귀여움을 독차지했기에 어린 마음에 허영심과 이기심이 빠르게 커졌다. 에이미를 특히 짜증 나게 하는 건 사촌이 안 입는 옷을 입어야 하는 것이었다. 에이미는 파란색이 아닌 빨간색 모자 때문에 괴로웠고, 드레스는 전혀 마음에 들지 않았으며, 앞치마는 너무 흉해 보였다.

:: 루이자 메이 올컷, 『작은 아씨들』

오만

마치 가문(『작은 아씨들』의 주인공 가족 - 옮긴이)의 막내딸이 예쁘지 않은 코에 집착하고 허영과 오만에 물들어 있을 때 얼마나 화가 났는지 모릅니다! 다행히도 막내딸은 점점 성장하면서 많이 좋아집니다.

오만. 정말 마음에 안 드는 말입니다. 무례하게 야유를 보내면서 침을 뱉을 때처럼 불쾌한 느낌을 주죠. 오만한 사람들은 정말 참아 주기 힘듭니다. 그들은 모든 사람을 얕잡아 보면서 자신이 우월하다고 믿습니다. 그래서 다른 사람과 어울리는 것을 별로 좋아하지 않습니다. 하지만 조만간 그들에게도 다른 사람이 필요한 때가 옵니다.

'건방지고 거만하다.' 오만한 사람을 그렇게 정의할 수 있습니다. 오만한 사람은 자신의 용기와 재능과 재산을 자랑하지 않습니다. 사람들이 당연히 안다고 생각하기에 자랑할 필요조차 느끼지 않는 거예요. 만약 자랑을 한다면 다른 사람의 평가가 중요하다는 의미겠죠. 그러나 오만한 사람은 다른 사람의 평가를 중요하게 여기지 않습니다. 아니면 적어도 그렇게 믿고 싶어 합니다.

그러나 신중하고 외로운 사람이 모두 오만한 것은 아닙니다. 그렇다면 단순히 자기 일만 생각하는 사람과 오만한 사람을 어떻게 구별할까요? 오만에는 몇 가지 신호가 있습니다.

오만한 사람은 턱을 치켜들고, 입을 살짝 다물고, 눈은 하늘을 올려다봅니다. 오만한 사람은 누군가가 말할 때 코웃음을 치거나 싫증 난 듯한 태도를 보이다가 자신이 말할 차례가 되면 검지를 위아래로 까딱거립니다.

"설명할 필요가 있나? 어차피 넌 이해할 수 없을 텐데……."

"너희랑 같이 있는데 뭐가 재미있겠니."

"그건 어린애나 갖는 물건이잖아!"

"당연히 알고 있었지."

"그걸 모르는 사람이 어디 있어?"

오만한 사람이 자주 하는 말입니다. 보통 그렇게 말하면서 살짝 웃거나 미소를 짓습니다. 그런 태도를 지닌 사람이 뭔가를 배우기는 쉽지 않죠. 뭔가를 받아들이고 배우려면 관찰하고 들어야 합니다. 무엇보다도 자신이 잘 알지 못한다는 사실을 인정해야 하죠. 오만한 사람은 자신이 잘 모른다는 사실을 알게 되어도 말로 표현하지 못합니다.

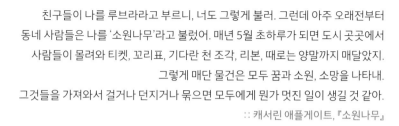

친구들이 나를 루브라라고 부르니, 너도 그렇게 불러. 그런데 아주 오래전부터
동네 사람들은 나를 '소원나무'라고 불렀어. 매년 5월 초하루가 되면 도시 곳곳에서
사람들이 몰려와 티켓, 꼬리표, 기다란 천 조각, 리본, 때로는 양말까지 매달았지.
그렇게 매단 물건은 모두 꿈과 소원, 소망을 나타내.
그것들을 가져와서 걸거나 던지거나 묶으면 모두에게 뭔가 멋진 일이 생길 것 같아.
:: 캐서린 애플게이트,『소원나무』

욕망

우리는 끊임없이 욕망을 품어요. 정말 다행이죠! 뭔가를 갖고 싶거나 누군가를 만나고 싶다는 욕망 덕분에 우리는 생각하고 행동하거든요.

우리가 아무것도 원하지 않는다면 무슨 일이 생길까요? 친구를 만나고 싶지 않고, 놀고 싶지 않고, 대화하고 싶지 않다면 어떨까요? 그러면 우리는 모든 것에 무관심한 채로 그 자리에서 꼼짝도 하지 않을 거예요. 이게 사는 것일까요?

다행히도 우리는 친구들과 어울리고 싶어 해요. 사랑하는 사람이 안아 주기를 바라고, 재미난 최신 영화를 보고 싶어 하죠. 맛있는 음식을 먹고 싶어 하고, 재미있게 운동을 하고 싶어 하고, 매일 아침 학교에 가고 싶어 해요. 학교에 가면 빨리 쉬는 시간이 오기를 바라는 사람도 있겠지만 말이죠. 일상에서 바라는 작은 것이 많기 때문에 우리는 늘 만족할 수 있고 매일매일 색다른 하루를 보낼 수 있는 거예요. 심지어 가끔은 아주 특별한 하루도 있죠.

그러나 우리에게 없는 것을 계속 원한다면 아무것도 바라지 않는 것과 마찬가지로 끔찍할 수 있어요. 사실 우리는 많은 것을 원해요. 신발, 게임기, 비싼 전자 제품 등 정말 많은 것을 원하고 그것들 없이는 살 수 없어요. 게다가 그런 것들을 얻고 나면 또 다른 물건을 갖고 싶어 하죠.

사실 너무나 바라는 물건을 갖게 되면, 그 물건이 별것 아니라는 사실을 깨닫게 돼요. '이게 다야?' 우리는 생각합니다. 광고를 보거나 다른 사람을 따라서 그 물건을 갖고 싶어 했다면 더욱 그래요. 그 물건은 멋있는 사람이 갖는 거라는 생각이 사라지죠.

욕망은 결핍과 연결되어 있어요. 그래서 결핍이 충족되면 욕망은 연기처럼 사라집니다. 그 물건을 정말로 좋아하지 않았을 때는 더욱 빨리 사라지죠. 그러면 어떻게 될까요? 우리 마음속에는 새로운 욕망이 생깁니다. 우리가 욕망하는 것이 물건일 때는 항상 그래요.

반대로 감정과 감동이 있는 어떤 것, 그러니까 살아 있는 생명체를 원한다면 어떻게 될까요? 모든 것이 바뀝니다!

예를 들어 그토록 갖고 싶었던 강아지가 마침내 집에 오면 우리는 정말 특별한 감정을 느낍니다. 그때부터 우리는 작고 일상적인 욕망을 품게 되죠. 집에 가서 꼬리를 살랑살랑 흔드는 강아지를 보고 강아지와 재미있게 놀아야겠다는 욕망이죠. 그리고 부모님이 허락하면 강아지와 함께 잠도 자고 싶어 해요.

다행히 우리가 만나고 싶은 사람이 있을 때도 비슷한 일이 벌어집니다. 친구나 사랑하는 사람을 만나고 싶을 때는 실망감이 들지 않습니다. 물건을 갖고 싶

었을 때와는 정말 다르죠. 사랑, 우정, 애정은 유행하는 신발이나 컴퓨터 게임처럼 빠르게 지나가지 않아요. 아니, 어떤 것은 평생 가기도 하죠.

욕망을 말하자마자 들어주는 요술 램프가 있다면 어떨까요? 이걸 원해. 저걸 원해. 또 그것도 원해. 물건이 우리 옆에 쌓입니다! 정말 멋지죠? 아니, 절대 그렇지 않아요. 결국 우리는 아무것도 갖고 싶어 하지 않을 테니까요. 그것이 얼마나 끔찍한 일인지 우린 이미 알고 있어요. 다른 사람의 욕망을 들어주기 위해 우리의 욕망을 포기하는 것과 마찬가지거든요.

나중에 훌륭한 요리사가 되고 싶나요? 그러면 의사나 댄서가 되고 싶은 사람과는 다른 노력을 해야겠죠. 무엇이 되고 싶은 우리는 열심히 노력해야 힙니다. 소스 만드는 연습을 하거나 해부학을 공부하거나 캐스터네츠를 준비해야겠죠. 우리의 욕망은 미래를 향하고 있어요. 미래를 향한 소소하거나 원대한 프로젝트인 셈이죠. 프로젝트가 '미래를 향해 몸을 내던지다'라는 뜻을 가진 것도 놀랍진 않아요.

하지만 우리는 진짜 욕망을 위해서만 몸을 내던질 수 있습니다. 엄마나 아빠의 원대한 꿈을 위해서는 절대 몸을 내던지지 않습니다. 우리는 우리의 욕망을

이루기 위해서만 행동하고 의무를 이행합니다. 그것이 바로 우리 여정의 뿌리이자 출발점입니다. 그리고 우리 안에 있는 선한 영혼, 즉 행복이 얼굴을 드러내는 순간이기도 하고요. 우리 자신이 원하는 욕망을 위해서만 힘을 낼 수 있다는 사실을 기억하세요!

물론 욕망을 성취하고 나면 실망할 수도 있어요. 사람들에게 수없이 들었거나 멋진 사진에서 보았던 장소에 막상 가 보면 생각만큼 아름답지 않을 수 있어요. 몇 주 전부터 어떤 축제에 가고 싶다고 노래를 불렀지만 막상 가 보면 빨리 집에 가고 싶을 수도 있고요. 사랑스러워 보이는 사람과 사귀거나 친구가 되고 싶었지만 막상 만나 보면 그렇게 좋은 사람이 아닐 수도 있어요.

실망감을 다루는 법을 배운다면 실망이 유용할 때도 있습니다. 더 나은 정보를 얻을 수도 있고, 다른 사람의 말을 무조건 믿지 않을 수도 있고, 지나치게 외모에만 집착하지 않을 수도 있어요.

하지만 그와 동시에 실망감을 극복해야 합니다. 그것도 빠르게 극복해야 하죠. 그래야 또 다른 곳에 가고 싶다거나 새로운 사람을 알고 싶다는 소망이 쌩하고 지나가 버리기 전에 잡을 수 있습니다. 뭔가를 욕망하는 일을 절대 그만두어서는 안 됩니다. 욕망은 현재의 우리 존재를 만들고, 특히 미래의 우리 존재를 만들기 때문입니다.

사실 오랫동안 마음속에 품은 훨씬 더 큰 욕망이 있을 거예요. 하지만 모든 욕망이 실현될 수는 없습니다. 사랑하는 사람의 병이 낫거나 가족들이 사이좋게 지내기를 바라는 욕망 말이죠. 강렬하고 때로는 고통스러운 이런 욕망은 이루어지지 않을 수 있습니다. 우리 잘못은 아니에요. 그러나 욕망을 품고 그것을 믿는 건 쓸데없는 짓이 아니에요. '우리는 자기 좋을 대로 앞을 내다보며 살아간다. 공포와 욕망과 희망이 우리를 미래로 쏘아 올리고…….' 수백 년 전 프랑스 철학자 몽테뉴가 『수상록』에서 그렇게 말했어요.

다음은 20세기에 활동했던 이탈리아의 위대한 시인 마르게리타 귀다치의 시입니다. 욕망의 궁극적인 의미를 들려주는 시죠.

> 어떤 욕망은 이루어지기도 하고
> 어떤 욕망은 거절되기도 할 것이다. 그러나
> 나는 순간 반짝하고 지나갔을 것이다.
> 비록 아무도 나를 본 사람은 없지만 —
> 그 빛나는 순간에 — 내 존재는 여전히
> 정당하게 증명될 것이다.

우리는 반짝하는 일순간처럼 늘 우리 너머에 존재합니다. 여름날 고개를 들고 별똥별을 찾을 때 이 말을 기억하세요.

무서워서 그런 건 아니었다. 그건 확실하다.
하지만 아무 일도 아닌 척할 수가 없었다. 너무 위험한 일이었기 때문이다.
나는 만화 판매원이었다.
:: 피에르도메니코 바칼라리오, 『만화 판매원』

용기

용기란 무엇일까요? 두려움의 반대라고요? 정말 그럴까요? 어쩌면 그보다 더 복잡할 거예요. 사실 용감한 사람도 두려움을 느끼기 때문이에요. 하지만 용감한 사람은 두려움에 대해 알아요. 두려움을 어떻게 이용하는지도 알고 있죠. 그런데 용기라는 말이 마음을 갖는다는 뜻의 라틴어에서 나왔다는 건 알고 있나요? 우리는 모두 마음을 가지고 있어요. 용감하지 못한 사람에게도 마음은 있죠. 용감한 것도, 용감하지 못한 것도 모두 마음과 관련되어 있다는 뜻이에요.

때때로 사람들은 이렇게 말해요. "저 사람에겐 사자의 용기가 있어." 사자가 정말 용기를 상징하는 동물일까요? 아프리카에서 총으로 무장한 인간을 제외하면 사자보다 높은 포식자는 없어요. 먹이 사슬의 꼭대기에 있다면 용기를 내기는 쉬운 일이죠! 한 번 포효하면 모두 도망칠 테니까요.

이번에는 시간을 아주 멀리 거슬러 올라가 볼까요? 그리스의 영웅이었던 아킬레우스는 강하고 빨랐어요. 게다가 오른발 뒤꿈치를 제외하면 어디에 칼이나 화살을 맞아도 다치지 않았어요. 모두가 가장 강하고 용감한 아킬레우스를 두려워했어요. 무엇이 앞을 가로막아도 아킬레우스는 물러나지 않았죠.

그러면 슈퍼 영웅은 어떨까요? 슈퍼 영웅은 하늘을 날고, 투명 인간이 되고, 불로 변하고, 엄청나게 무거운 물건을 들어 올릴 수 있어요. 슈퍼 영웅은 거대한 파도와 지진, 악당과 괴물을 향해 망설임 없이 몸을 날리죠. 세상을 구하기 위해 결코 뒤로 물러나지 않아요. 스파이더맨은 어떨까요? 방사능 거미에 물린

덕분에 몸이 놀랍도록 민첩하고 강해졌어요. 벽에 찰싹 달라붙어 있을 수도 있고요. 더구나 '거미의 감각' 덕분에 주위의 위험을 쉽게 감지할 수 있어요. 당연히 스파이더맨이 승리할 수밖에 없죠.

물론 슈퍼 영웅이나 아킬레우스가 훌륭하지 않다는 말은 아니에요! 그들 덕분에 우리는 돈 주고 살 수 없는 모험을 할 수 있어요. 하지만 슈퍼 영웅과 아킬레우스가 정말 용감할까요? 그렇다면 힘이 세거나 초능력이 있어야만 용기를 낼 수 있을까요?

현실에서 우리는 우리 힘으로 위험을 헤쳐 나가야 해요. 모든 방법을 동원해서 말이죠. 사람들이 지켜보는 가운데 두 발을 땅에 딛고 말이에요. 그리고 어떤 순간이 오면 용기를 내야 합니다. 그 용기 속에는 두려움도 있어요.

힘을 자랑하는 것이 용기는 아니에요. 적에게 고함을 치는 것도 용기는 아니죠. 모든 것이 불확실하고 마음속에 두려움이 가득한 상황에서도 위험한 길을 선택하는 것이 용기예요. 초능력이 없는데도 위험한 길에 들어가서 끝까지 가려면 용기가 필요해요.

영국 작가 닐 게이먼의 소설 『코렐라인』에서 주인공 코렐라인은 말해요. "뭔가를 두려워하지만, 어쨌든 그것을 해내는 것이 바로 용기야." 맞아요, 그게 바로 용기예요!

용기는 두려움이 없을 때 나타나는 것이 아니에요. 두려움을 이겨 낼 때, 도망치고 싶은 충동을 누를 때 나타나는 것이 용기예요. 공포와 싸워서 이기는 것, 바로 그것이 용기죠.

그래서 우리는 용감한 사람의 이야기를 좋아해요. 특히 주인공이 우리와 비슷하다면, 그러니까 우리의 영웅이 위험 앞에서 덜덜 떨며 숨거나 머뭇거리거나, 심지어 눈물을 뚝뚝 흘린다면 우리는 더욱 좋아하죠. 만화 판매원인 산도르처럼 말이에요. 우리처럼 평범한 소년인 산도르는 정말 힘든 상황에서 정말 쉬운 일(겉보기에는 그래요)을 해야 해요. 바로 만화를 보는 것이죠. 장소는 냉전 시대(제2차 세계 대전 이후 미국 중심의 자본주의 진영과 소련 중심의 공산주의 진영이 대립한 시기 – 옮긴이)의 헝가리예요. 당시 독재 정부는 국민들이 만화책 보는 것을 두려워했어요. 그래서 비밀경찰이 국민들을 감시했죠. 하지만 산도르는 용감한 소년이었어요.

용감한 사람은 무슨 일을 할까요? 입을 다무는 대신 중얼중얼 소리를 내요. 숨는 대신 숨겨 주고요. 가만히 있는 대신 행동하죠. 다시 말해 옳은 일을 행동으로 옮기는 방법을 찾아내요. 그게 바로 신화 속의 영웅이 맡았던 임무이고 운명이었죠. 임무라는 것이 핵심이에요! 용기와 모험은 보여 주는 거예요. 진정한 용기는 본보기를 남기죠. 그러므로 변화가 시작되면 놀라운 일이 일어나요. 책이 불타도 포기하지 말아야 하고, 힘센 사람이 횡포를 부려도 항복하지 말아야 해요. 산도르처럼 외투 속의 비밀 주머니에 만화책을 숨겨야 하죠.

다른 사람을 위해 용기를 내려면 용기의 진정한 가치를 알아야 해요. 그리고 어떻게 용기를 내야 하는지도 알아야 하죠. 그렇게 다른 사람과 용기를 나누세요. 그러면 용기는 희망이 돼요.

"친구 있어? 친구에겐 단 하나의 차이점이 있지." 무슨 차이점이냐고 산도르가 물었어요. "영웅과 미치광이를 구별하는 차이점 말이야."

마음속의 작은 목소리에 귀를 기울이세요. 그 일을 해결할 방법이 있다고 속삭이나요? 더욱 힘들고 어려운 방법이기는 해도 그만큼 정의롭고 멋지다고 속삭이나요? 용기가 들려주는 그 목소리를 따라가세요.

어느 날 몇 시간 동안이나
헛되이 별을 부르는
우울한 하늘 때문에
마음 한가득 불안을 품고
멀리 날아갔네,
마지막 제비들이.
:: 세르조 코라치니, 「바다를 향해 열린 창」

우울

영어로 우울(melancholy)이라는 말은 '검은색'이라는 뜻의 그리스어 멜라스(mélas)에서 유래했습니다. 우울은 가상의 검은색 안경과 같습니다. 그 안경을 쓰면 세상은 더 어두워 보입니다. 그렇다고 슬픈 건 아니에요. 사실 고통과 슬픔에는 외부적이고 현실적인 이유가 있습니다. 우리는 어려운 상황에 놓여 있고 우리 인생에 나쁜 일이 일어났으니, 마음이 가볍고 유쾌할 수가 없는 거죠. 그런데 우울은 다릅니다. 많은 사람이 지니고 있는 불안이고 우리 마음속에 뿌리가 있는 막연한 불만입니다. 실제로 나쁜 일이 일어나지 않았는데도 불안과 불만이 우리를 사로잡는 거죠. 뚜렷한 원인이 없기 때문에 해결책이 없을 수도 있어요.

그러면 우울을 무조건 피하는 것이 좋을까요? 글쎄, 상황에 따라 달라요.

시인과 예술가들은 우울을 잘 알아요. 때로는 우울해지려고 하죠. 우울한 마음 상태 덕분에 위대한 소설, 시, 초상화, 풍경화 등이 탄생하기도 하거든요. 사실 창의성은 서로 어울리지 않는 감정들, 즉 삶에 대한 기쁨과 우울을 통해 표현됩니다. 모든 것에는 끝이 있다는 인식을 통해서도 표현되죠. 예술가는 어떤 힘에 이끌려 작품을 창조합니다. 예술가를 세상에 붙들어 놓는 동시에 멀리서 세상을 바라보게 하는 힘이죠.

하지만 우리는 예술가가 아닙니다. 우울감이 들면 친구와 같이 있기 힘들어 자꾸만 혼자 있으려고 합니다. 우리가 우울한 상태를 깨닫지 못해도 얼굴에는 드러납니다. 그래서 주변 사람에게 우울감을 숨기기가 어렵죠.

그러면 재빨리 몸을 훌훌 털어서 우리 등에 붙은 우울을 떼어 내야 할까요? 당연히 그렇죠. 우울에 빠지지 말고 다른 것에 신경을 써 보는 거예요. 정신을 집중할 흥미롭고 재미난 것을 찾아보는 거죠. 그러나…….

갑자기 우리를 공격하는 이 미묘한 불안은 좋은 것을 가져오기도 합니다. 예술가들의 작품처럼 말이죠. 우리처럼 평범한 사람도 약간 우울한 것이 나쁘지 않아요. 우리가 일상에서 마주하는 감수성보다 좀 더 심오하고 섬세한 감수성을 갖게 되거든요. 약간의 우울은 우리를 더욱 내면에 집중하게 합니다.

우울이 우리를 구석에 몰아넣고 한참 동안 놓아주지 않는다면 반항해 보세요. 하지만 가끔 우울한 기분이 스치듯 지나간다면 잠깐 그 검은 안경을 써 보세요. 세상은 더욱 비관적으로 보일 거예요. 그러면 기쁨으로 떠들썩할 때는 보지 못했던 다채로운 전망과 색조를 볼 수 있어요. 이야기를 좋아한다면 슬프고 우울한 이야기도 읽어 보세요!

즐거운 이야기가 필요할 때가 있어요. 페이지를 넘길 때마다 숨 막히게 긴장되는 모험 소설을 읽고 싶을 때도 있고요. 온몸이 덜덜 떨리는 공포 소설이 좋을 때도 있습니다. 책을 모두 읽고 나면 마음속에 가벼운 우울을 남기는 경이로운 책도 있어요. 이상하게도 그런 책들이 기억에 오래 남습니다.

가령 영국 작가 로알드 달의 『마녀를 잡아라』를 읽은 사람은 절대 그 책을 잊지 못해요. 이 책에서 마녀들은 영국에 사는 아이들을 모두 없애 버리기로 하고 주인공 소년(책에 이름은 나오지 않아요)이 그 계획을 알게 돼요. 그래서 소년은 자신의 할머니와 함께 아이들을 구하기로 하죠. 마녀들과 싸우는 동안 소년은 생쥐로 변합니다. 소년은 할머니에게 쥐가 몇 살까지 살 수 있는지 물어 봐요. 정확히 말하면 생쥐가 아니라 생쥐 소년이죠.

"생쥐 소년은 일반 생쥐보다 세 배는 더 오래 살 거야. 그러면 9년이지." "대박!" 나는 소리쳤다. "난 할머니보다 오래 살고 싶지 않아. 할머니 말고 다른 사람이 나를 돌봐 준다고 생각만 해도 견딜 수가 없어." 할머니가 내 귀를 쓰다듬는 동안 우리는 말없이 있었다. "그럼 난 앞으로 9년 더 사는 거야?" "그렇단다. 운이 좋으면 그렇지." "꼭 그래야 해. 앞으로 8, 9년 뒤에 나는 꼬부랑 생쥐가 될 거고 할머니도 꼬부랑 할머니가 될 거야. 그럼 우린 함께 죽을 거야." "그럼 최고지."

그날 저녁 이후 생쥐 소년과 할머니는 아직 끝나지 않은 마녀와의 치열한 전쟁을 준비합니다. 우리는 두 사람이 해낼 거라고 믿습니다. 진지하면서도 우울한 결말이죠. 그러나 그런 결말은 우리를 새로운 도전에 뛰어들게 하고, 앞으로도 용기가 많이 필요할 거라고 이야기해 줘요.

"맙소사, 우린 앞으로 며칠, 몇 주, 몇 달, 몇 년 동안 잠시도 쉴 틈이 없을 거야!" "나도 그렇게 생각해. 우리가 얼마나 재미있을지 생각해 봐, 할머니!"

유쾌로 무장하라!
다른 것들은 제발
모두 던져 버려라!
:: 잔니 로다리, 「유쾌의 무기」

유쾌

　'바보의 입에서 웃음이 넘쳐난다'라는 로마 속담이 있어요. 고대 로마에서는 진지함을 높이 평가했어요. 반면 웃음은 저속하고 멍청한 것으로 여겨졌죠. 영리하고 생각 많고 현명한 사람은 웃지 않았어요. 극장에서 희극을 볼 때만 제외하고요. 희극을 보면서 낄낄 웃어도 아무도 욕하지 않았어요. 희극의 목적은 유명한 사람이나 세상의 악을 비웃는 것이었기 때문이죠. 그러니까 정말 기분이 좋아서 웃는 건 아니었어요. 다행히 세상이 변하고 생각도 변했어요. 위의 로마 속담은 이제 맞지 않는 것 같아요. 웃음은 아주 멋진 거예요. 우리에게 해방감을 주고 우리를 서로 뭉치게 하죠. 친구와 함께 웃으면 우정이 더 깊어지거나 새로운 우정이 싹트죠. 우리는 혼자 있을 때도 책을 읽거나 영화(또는 만화)를 보면서 낄낄 웃을 수 있어요. 그렇게 아주 짧은 순간에 느끼는 행복으로 우리는 더 나은 하루를 보내게 돼요.

　웃음은 다툼을 해결해 주기도 하고, 긴장을 풀어 주기도 하고, 비관적인 생각을 날려 주기도 하고, 세상을 다른 눈으로 보게도 해요. 농담 한마디에 하하하 웃고 나면 불편한 상황에서 벗어날 수도 있어요. 아주 심각해 보였던 일이 마치 마법을 부린 것처럼 아무것도 아닌 일이 되어 버리기도 하죠. 때때로 유쾌는 근

심 걱정이 없는 것, 깊이 생각하지 않는 것이에요. 그러니 나쁜 생각을 하고 있다면 하하하 웃어 보세요. 어떤 때는 계속 폭소를 터뜨리기도 해요. 그게 항상 좋은 건 아니에요. 우리는 그렇게 웃다가 화가 날 수도 있고 나쁜 사람이 되어 버릴 수도 있어요. 그렇게 비웃음을 받는 사람은 즐겁지 않을 거예요. 체육 시간에 철봉에 제대로 매달리지 못하는 뚱뚱한 친구를 보고 웃는 건 사악한 웃음이에요. 누군가의 외모를 보고 킬킬 웃는 것도 마찬가지예요. 웃음에는 착한 웃음과 나쁜 웃음이 있어요. 억지웃음도 있죠. 자신이 웃음거리가 되지 않기를 바라면서 다른 사람들을 따라 웃는 것이죠.

유쾌함을 표현하기 위해 항상 크게 웃을 필요는 없어요. 때로는 미소로 충분하죠. 우리가 웃는 건 즐겁고 유쾌하고 뿌듯하기 때문이에요. 진정한 미소는 단지 입을 벌리는 것이 아니라 마음속 깊은 곳에서 우러나는 감동의 표현이에요. 그래서 함께 있는 다른 사람들에게도 미소가 전염되죠. 그렇게 미소가 전염되면 신뢰와 협력이 만들어져요.

뇌 과학자들은 미소와 폭소가 신체에 어떤 영향을 미치는지 연구했어요. 그 결과 미소와 폭소는 인간의 몸과 마음에 이로운 물질을 만들어 내는 것으로 밝

혀졌어요. 진정으로 영혼을 치료해 주고 기분 나쁜 부작용도 없지요.

아니, 솔직히 말하면 귀도 콰르초의 소설 『너무 명랑한 아이』에 나오는 명랑이처럼 부작용이 조금 있긴 해요.

늘 유쾌해서 '명랑이'라 불리는 아이가 있었다. 명랑이는 항상 밝고 환했다. 치과에 가서도, 엄마와 지겨운 쇼핑을 가서도 명랑했다. 만화 영화를 보는데 갑자기 텔레비전이 망가졌을 때도 명랑했다.

명랑이는 날마다 유쾌함을 분수처럼 뿌렸다.

하지만 약간 문제가 있었다. 명랑이가 정말 기쁠 때마다 발산하는 모든 유쾌함이 화려한 색이 되었다. 누구도 상상하지 못하는 아름다운 색깔이었다.

그 색깔이 주변의 모든 것을 칠했다. 의자, 벽, 꽃병, 옷, 심지어 사람들의 얼굴까지. 결국 유쾌한 명랑이 때문에 문제가 생긴 것이다. (……)

어떻게 아이에게 유쾌하지 말라고 할 수 있을까?

"손을 뻗어 맹세해!" 아토스와 아라미스가 함께 소리쳤다.
포르토스가 투덜투덜 혼잣말을 하면서 손을 뻗었다.
네 친구는 다르타냥의 구호를 한목소리로 외쳤다.
"모두는 하나를 위해, 하나는 모두를 위해!"
:: 알렉상드르 뒤마, 『삼총사』

이타심

몇몇 과학자는 진정한 이타심은 없다고 주장합니다. 착한 행동 뒤에는 개인적인 목적이 숨어 있다는 것이죠. 유전적으로 우리는 오직 우리 자신만을 생각하도록 프로그래밍되어 있기 때문에 우리에게 이롭거나 편할 때만 다른 사람을 도와준다는 거예요.

그러면 우리 모두는 이기주의자일까요? 많은 사람이 그렇지 않다고 대답할 거예요! 왜 그런지 인간의 본성부터 살펴볼까요?

꿀벌, 장수말벌, 개미 등 많은 생물종이 이타적인 행동을 해요. 수천 마리의 개체가 무리의 규범을 지키기 위해 자신을 희생하고 협력하죠.

동물의 세계에는 그런 예가 수없이 많아요! 코끼리는 다른 코끼리의 새끼를 기르고, 박쥐는 너무 오랫동안 굶은 친구에게 먹을 것을 나눠 주고, 늑대는 약한 새끼의 생존을 도와요. 미어캣과 마멋은 안전을 위해 차례로 보초를 서고 어떤 새들은 이웃 둥지에 있는 새끼 새들의 양육을 돕죠. 자연에는 이렇게 감동적인 사례가 많아요.

하지만 이 모든 사례가 이타심에서 나온 건 아니에요! 이런 행동 뒤에는 매우 명확한 목적이 숨어 있기 때문이죠. 동물의 세계에서 중요한 것은 종족, 서식지, 공동체, 자손이에요. 따라서 개체의 희생은 무리의 생존을 목적으로 하기 때문에 우리가 생각하는 이타주의와는 완전히 다릅니다. 이것이 바로 '이타주의의 역설'이에요.

1960년대에 영국인 과학자 윌리엄 해밀턴은 이기주의에 대한 생물학 이론을 발표했어요. 이 이론을 바탕으로 리처드 도킨스는 『이기적 유전자』라는 책을 썼고 많은 사람이 찬사를 보냈죠.

해밀턴은 천재일 뿐만 아니라 매우 좋은 사람이었던 것 같습니다. 그는 다른 생물학자들과 마찬가지로 동물의 이타심은 우리가 생각하는 이타심과 완전히 다르다고 주장했어요. 그리고 복잡한 수학 공식을 통해 증명하기도 했죠. 바로 친족 선택이라는 거예요.

개미, 흰개미, 마멋, 꿀벌 등은 서로 협력해요. 왜냐하면 그들의 희생이나 도움으로 태어날 개체의 수가 중요하기 때문이죠. 새로 태어날 개체가 자기 자식인지, 아니면 형제자매의 자손인지는 중요하지 않아요. 그러므로 이타심은 친족의 생존에 도움을 주고, 그런 의미에서 또 다른 이기심이라고 할 수 있어요.

동물의 세계에서 이타심과 이기심은 인간 공동체와는 다른 의미를 가져요. 인간도 이기적 유전자를 가지고 있어요. 어떤 사람은 이기적 유전자를 잔뜩 갖고 있죠. 하지만 인간 사이에는 진짜 이타심이 있어요! 다행히 우리는 유리한 것이 없어도, 속셈이 없어도 오직 누군가를 돕겠다는 마음으로 행동할 수 있어요.

우리는 친절하게도 버스에서 노인에게 자리를 양보하고, 장바구니를 들어 주고, 급해 보이는 사람에게 순서를 양보합니다. 자기 능력에 맞게 다른 사람을 돕는 것이 바로 이타심이에요. 우리 주머니에 들어오는 것이 아무것도 없는데도 말이죠!

그런데 우리가 얻는 것이 아무것도 없지는 않아요. 신경과학지(또 과학지예요⋯⋯)에 따르면 우리가 정말 이타적인 행동에 몰두하면 우리 뇌의 몇몇 지점이 활성화된다고 해요. 어떤 지점일까요? 바로 쾌락 중추예요! 사실 관대하고 이타적인 행동으로 우리는 기분이 더 좋아집니다. 그러니 이타적인 행동을 하지 않을 이유가 있을까요?

이타심을 부인하는 논문을 쓰고 오랜 세월이 흐른 뒤에 윌리엄 해밀턴은 연구 팀과 함께 아프리카 콩고에 갔어요. 침팬지 서식지에서 HIV 바이러스(인간 면역 결핍 바이러스로 에이즈를 유발해요 – 옮긴이)를 연구하기 위해서였죠. 나이가 많았는데도 그는 기꺼이 정글에서 몇 주일 동안 불편하고 힘들게 살기로 했어요. 하지만 그는 여행 도중 말라리아에 걸려 몇 달 후에 죽고 말았어요. 이타심을 보여 주는 슬프지만 아름다운 이야기예요.

167

"내게 검을 다루는 법을 배우고 싶은가?"
반조가 물었다. "자네에겐 꼭 필요한 자질이 부족해."
"제가 열심히 하면 몇 년이 지나야 명장이 되겠습니까?"
젊은이가 고집스럽게 말했다.
"자네의 남은 인생만큼 지나야지." 반조가 대답했다.
"그렇게 오래 기다릴 수 없습니다." 마타유로가 대답했다. "저를 제자로 받아 주신다면
어떤 힘든 일도 견디겠습니다. 제가 가장 충실한 하인이 된다면 몇 년이 걸릴까요?"
"오, 아마도 10년." 반조가 누그러진 표정으로 말했다.
"아버지께서 점점 늙어 가십니다. 곧 제가 돌봐 드려야 합니다." 마타유로가 말을 이었다.
"더욱더 열심히 한다면 몇 년이 더 걸릴까요?"
"오, 아마도 30년." 반조가 대답했다.
:: 센자키 뇨겐, 『나를 찾아가는 101가지 선 이야기』

인내심

수백 년 전 일본에서는 교육을 위해 선(불교의 수행법으로, 고요히 앉아서 참선하는
것 – 옮긴이) 이야기가 쓰였습니다. 문제 해결을 돕고 행복에 이르는 길을 알려
주는 책이었습니다. 위의 글도 그중 하나로서 충동적인 청년 마타유로와 위대
한 스승 반조의 대화입니다. 수년간 청년은 음식을 만들고 스승을 돌보지만 검
술을 배우기는커녕 검을 만져 본 적도 없습니다. 결국 마타유로는 인내심을 배
운 뒤에야 나라에서 제일가는 검객이 됩니다.

반조가 가르치는 인내심은 마트 계산대, 병원 대기실, 느린 기차 여행 등 일
상 속의 지겹고 짜증이 나는 기다림과 별 상관이 없습니다. 아주 약간의 인내심
만 있으면 그런 기다림은 곧 끝납니다. 잡담을 나누거나 신문을 읽거나 소설책
만 있으면 시간은 훌쩍 지나가죠.

선 이야기는 중요한 기다림, 즉 장기 계획과 관련된 기다림에 대해 말합니다.
이때는 인내심이 필요하며 신문 하나로는 충분하지 않습니다. 기다리는 법을

알려면 훈련과 인내심, 무엇보다 앞날을 내다볼 줄 아는 눈이 필요합니다. 인내심은 감정이라기보다는 다른 감정을 다스리는 능력입니다. 우리에게 성급한 결정을 내리게 하고 지루하다는 이유만으로 관심을 끊게 하는 감정을 다스리는 능력 말이에요.

농사짓는 시기를 아는 농부는 인내할 줄도 압니다. 땅을 갈고 씨를 뿌린 다음 태양이 뜨겁게 내리쬐고 비가 내리고 땅이 비옥해지길 기다립니다. 식물이 싹을 틔우길 기다리고 꽃이 열매를 맺기를 기다립니다. 우주물리학자도 인내할 줄 압니다. 망원경에 두 눈을 대고 오랜 세월 거성과 초신성을 관찰하고, 사진을 찍고, 측정을 합니다. 복원 전문가도 인내할 줄 압니다. 머리카락만큼 가느다란 붓으로 털어 내고 수정하여 걸작을 완벽하게 복원합니다. 작가도 인내할 줄 압니다. 생각을 말로 표현하기 위해 문장을 다듬고, 쉼표를 옮기고, 지웠다가 다시 씁니다. 제빵사, 수학자, 생물학자, 새 관찰자, 그리고 다른 수많은 사람도 인내할 줄 압니다.

그러나 손끝으로 화면을 스치는 간단한 동작만으로 모든 것을 얻어 온 우리가 인내심을 알까요? 크든 작든 여러 상황에서 어떤 결과를 끈기 있게 기다릴 수만 있다면, 똑같은 동작을 수없이 반복할 수만 있다면 계획을 성공시킬 수 있고, 소원을 이룰 수 있고, 성공할 수 있습니다. 능력을 갖추고 준비를 하면 큰일을 할 수 있습니다. 인내심과 체념을 혼동하지 마세요! 장애물을 만나도 포기하지 않고 끈기 있게 싸운다면 목표를 이룰 수 있습니다.

20세기에 비범하고 총명한 여성이 있었습니다. 노벨상을 두 번이나 받은 마리 퀴리입니다. 퀴리가 발견한 라듐은 인류에게 많은 영향을 끼쳤고, 특히 암 치료에 쓰였습니다. 라듐은 매우 희귀한 원소입니다. 40센티미터 깊이의 땅 1 제곱미터에는 단 1그램의 라듐만 함유되어 있습니다. 이 때문에 마리 퀴리는 무한한 인내심을 발휘해야 했습니다! 순수한 라듐을 분리하기 위해 엄청난 양의 역청 우라늄석을 분리·처리하기로 했던 것입니다. 1898년부터 퀴리는 체코

의 요하임스탈 광산에서 흑색의 역청 우라늄석을 캐냈습니다. 그리고 프랑스 소르본 대학교가 빌려준 습하고 추운 창고로 옮겼습니다. 거기서 역청 우라늄 석을 거대한 솥에 붓고는 쇠막대로 몇 시간 동안 저으면서 녹였지요. 액체가 졸 아들기를 기다렸다가 화학 성분으로 씻어 내고 증류하여 다양한 성분을 뽑아 냈습니다. 그리하여 1902년 1데시그램(0.1그램 – 옮긴이)의 라듐을 분리해 냈습 니다. 몇 년 만에 이루어 낸 일이었죠. 정말 엄청난 인내심이죠?

　인내심이라는 감정은 시간과 많이 관련되어 있습니다. 그래서인지 요즘에 는 촌스럽게 느껴집니다. 또한 나이 든 사람만 참아야 할 것 같고요. 이제 세상 은 빠르게 흘러가고 있습니다. 기술의 발전으로 우리는 어지러울 정도로 빠르 게 일상을 살아가고 계획을 세웁니다. 그뿐만이 아닙니다. 우리는 노력의 결과 가 바로 나오기를 바라고 기다림은 쓸데없는 시간 낭비라고 생각합니다. 최신 컴퓨터 게임을 인내심이 필요한 게임(수천 개의 조각을 맞춰야 하는 그림 퍼즐 같은 것 이요)과 비교하면 두 게임이 완전히 다른 세계에 속한 것 같습니다. 어쩌면 정말 그럴지도 모르겠습니다.

"콜린스, 거기까지 가서 착륙하지 않아도 괜찮았어요?"
"어느 정도는요. 달을 가까이서 절대 못 볼 수도 있었잖아요.
그런 생각을 하니, 궤도에 머무는 게 중요하지 않게 됐어요."
"콜린스, 자부심을 가져요. 당신은 우주선에 탔잖아요."
"오, 아니에요! 저보다 훌륭한 사람이 많아요. 저는 그저 그런 사람이고요."
:: 오리아나 팔라치, 『그날 달 위에서』

자만심

여러분을 사랑하는 사람은 이렇게 말합니다. "너는 나의 자랑이야." 여러분의 책임감과 발전을 높이 평가한 사람은 이렇게 소리칩니다. "네가 자랑스러워!" 다른 사람이 항상 그렇게 말해 주는 건 기쁜 일이에요. 우리 스스로 칭찬을 하고 우쭐대면 우스운 꼴이 되기 쉬우니까요.

우리가 축구 경기에서 이기거나 좋은 성적을 얻거나 새로 친구를 사귀었을 때, 즉 우리가 성취한 것에 만족할 때 우리의 자긍심(우리 자신에 대한 믿음)은 하늘을 찌릅니다. 그러면 우리는 위로받고, 충전되고, 열정과 에너지를 얻습니다. 그러나 곧 마음을 진정해야 합니다. 그러지 않으면 자긍심은 자만으로 바뀔 테니까요. 우리가 낫다는 생각에 기뻐하고, 다른 사람을 업신여기고, 우리의 성공을 떠벌리게 됩니다. 그러면 잘못해도(이상해, 어떻게 내가!) 실수를 인정하지 않고 사과는 더더욱 하지 않게 됩니다.

요즘에는 자만을 대수롭지 않게 여깁니다. 자만에 빠진 사람이 많기 때문이죠. 소셜 미디어를 보세요. 많은 사람이 자신의 작품이나 자신의 사진을 올립니다. 그러면 현실의 친구든 가상 세계의 친구든 '좋아요'를 누르고 하트를 보내줍니다. '너무 예쁘다!', '대박!', '끝내준다!' 같은 댓글을 달기도 합니다.

"그게 뭐 나쁜가요?"라고 묻고 싶을 거예요.

이런 작은 자만을 멀리한다면 아무런 문제도 없을 거예요. 그러려면 우리의

게시 글은 별로 감동적이지 않고, 새로운 헤어스타일은 전혀 특별하지 않으며, 우리의 팔 근육은 지극히 평범하다는 것을 알아야겠죠. 하지만 그러기는 쉽지 않아요. 그래서 우리는 계속 게시 글을 올리고 '좋아요'를 누르죠. 우리에게 엄청난 매력이 있고 우리가 뛰어난 제빵사이자 시인이자 음악가라고 확신한다면 자만심은 풍선처럼 부풀어 오를 거예요.

소셜 미디어가 없었는데도 고대인들은 자만심을 가장 위험한 악덕이라고 생각했어요. 그래서인지 신화도 자만심을 많이 다루었지요.

고대 그리스인에게 신화는 그 시대의 이야기가 아니라 아무도 기억하지 못하는 영웅 시대의 이야기였습니다. 오늘날 우리에게도 마찬가지예요. 신화는 시대를 초월하여 여전히 매혹적이고 무서운 이야기입니다. 또한 만들어 낸 이야기이지만 진실하죠. 특히 이카로스의 이야기는 자만심이 어떤 결과를 가져오는지 잘 보여 줍니다. 분명 좋지 않은 끝이었죠.

아테네 출신의 천재 장인인 다이달로스는 크레타 왕 미노스의 명령으로 어린 아들 이카로스와 함께 미궁에 갇혀 있었습니다. 다이달로스만이 그 미궁의 비밀을 알고 있었기 때문이죠. 미노스 왕은 자기 아들인 미노타우로스(몸의 반은 사람이고 반은 황소인 괴물이었어요)를 그 미궁에 가두어 두었습니다. 그런데 영웅인 테세우스가 미노타우로스를 죽이고는 미노스 왕의 딸인 아리아드네를 데리고 크레타 섬에서 도망쳤습니다. 이 이야기의 결말이 궁금하다면 여러분이 직접 찾아 읽어 보세요. 테세우스와 아리아드네의 이야기는 자만심과는 관계가 없어서 이 정도만 소개할게요.

어쨌든 미궁에 갇힌 다이달로스는 새들의 비행을 며칠 동안 관찰하면서 자유를 찾을 방법을 고민했어요. 그는 새처럼 날아서 도망치기로 했죠. 그는 바람에 날려 온 새의 깃털과 초에서 녹아내린 밀랍으로 두 쌍의 날개를 만들었어요. 그러고는 자신과 아들 이카로스의 어깨에 날개를 달았습니다. 다이달로스는 하늘로 날아오르기 전에 아들에게 당부했습니다. 너무 높게도, 너무 낮게도 날지 말라고요. 너무 높게 날아서 태양 가까이 다가가면 밀랍이 녹을 것이고, 너무 낮게 날아서 바다 쪽에 다가가면 파도에 깃털이 젖을 테니까요.

마침내 아버지와 아들은 에게 해 위로 날아올라 자유의 몸이 되었습니다. 그들이 지나가는 모습에 새들은 겁을 먹었습니다. 사람들은 거대한 날개가 펄럭이는 것을 보면서 그들이 사람이 아니라 신이라고 생각했죠. 그렇게 하늘을 나는 것에 흠뻑 취한 이카로스는 그만 자만심에 빠졌습니다. 더 높이 올라가 신들이 사는 올림포스에 가고 싶었죠. 그래서 그만 아버지의 부탁을 깜박 잊고 말았습니다. 이카로스가 태양 가까이 날아오르자 밀랍이 녹으면서 깃털이 하나씩 떨어져 나갔습니다. 결국 이카로스는 추락하여 파도 속으로 사라졌습니다. 자만심 때문에 어리석고 경솔하게 판단한 탓이었어요.

우리도 마찬가지입니다. 우리에게는 날개가 없지만 어쨌든 날마다 일상의 바다를 건너야 합니다. 다이달로스의 충고대로 비행에는 적당한 높이가 있어요. 바다 가까이 너무 낮게 날면 안 됩니다. 지나친 겸손은 우리를 무겁게 짓누르는 짐이기 때문입니다. 하지만 태양 가까이 너무 높게 날아서도 안 됩니다. 자신의 본모습을 잊고 사신이 내단하다는 자만에 빠지기 때문입니다.

바르톨로티 부인이 아이스크림을 다 먹고 나자 콘라트는 집안일을 도와도 되는지,
접시를 닦거나 청소기를 밀거나 쓰레기통을 비워도 되는지 물었다.
"이런 일을 기꺼이 하니?" 바르톨로티 부인이 물었다.
"기꺼이요? 몰라요." 콘라트가 대답했다. "일곱 살 난 아이는 집안일을 할 수 있어요.
작은 봉사를 하면서 의무적으로 엄마를 도와야 해요."
"아 그래, 아 그래, 그렇지. 물론이지." 바르톨로티 부인이 말했다.
:: 크리시티네 뇌스틀링거, 『깡통 소년』

정리

물건을 제자리에 두는 사람이 있는가 하면, 아무 데나 두는 사람도 있습니다.
방이 완벽하게 정리되어야 마음이 편안한 사람이 있는가 하면, 바닥에 물건
을 던지고 책상에 책과 공책을 쌓아 두고 먹다 남은 빵 조각과 간식을 치우지
않는 사람도 있습니다. 어떤 사람은 정돈된 곳에 있어야 마음이 놓입니다. 그러
나 어떤 사람에게 정리는 지겨운 일일 뿐입니다. 어린 시절 우리 모두는 어질렀
어요. 그때는 누군가가 우리 대신 장난감을 바구니에, 속옷을 서랍에 넣어 주었
습니다. 그러나 어느 순간부터 정리는 우리 일이 됩니다.

시간이 지나면 우리 중 누군가는 정리를 자연스러운 일로 받아들여서 지저
분한 곳을 보면 짜증을 느낍니다. 그래서 물건을 바로바로 제자리에 치웁니다.
반면 누군가는 정리가 전혀 중요하지 않다고 생각합니다. 돼지우리 같은 침대
에서도 잘만 자고 바닥에 물건이 흩어져 있어도 전혀 불편해하지 않습니다. 정
리 정돈을 하지 않는 사람은 아무리 어질러져 있어도 자신은 필요한 물건을 바
로바로 찾을 수 있다고 주장합니다. 사실인지도 모릅니다.

하지만 생각해 보세요. 어느 쪽이 더 나을까요? 정리하는 습관을 들이는 것?
아니면 뒤죽박죽 어질러진 곳에서 아무렇지 않게 사는 것? 꼬마 병정들처럼
볼펜과 연필을 나란히 세우면서 학교 책상을 완벽하게 정리하는 것? 아니면

허리케인이 지나간 작은 도시처럼 날마다 책상을 난장판으로 만드는 것? 무엇이 더 좋은지 말하기는 쉽지 않습니다! 학교 책상을 포함해서 우리가 생활하는 일상의 환경을 정리하면 집중력이 커지고 마음속까지 깨끗해진다고 주장하는 책이 있습니다. 그 반대를 주장하는 책도 있고요. 즉 혼돈과 혼란 속에서 아이디어가 나오고 직관력이 커진다는 거죠. 일부 전문가는 무질서가 창의력에 이롭다고 주장합니다. 하지만 다른 전문가는 무질서가 그냥 지저분한 상태일 뿐이라고 주장합니다.

요약하면, 정리는 누구나 자기 의견을 말할 수 있는 주제 중 하나이며 모든 의견이 의미가 있습니다.

그러나 수학 같은 과목에서는 정리가 중요합니다. '522'를 '29'로 나눈다면 숫자를 정해진 방식으로 써 줘야 합니다. 다음과 같이 쓰면 계산하기 어려워집니다.

$$2 \qquad 9 \qquad 5 \qquad =$$
$$2 \qquad : \qquad 2$$

그러니 정사각형, 행, 열이 우리의 창의성을 방해한다고 해도 참아야 합니다.

수학 외에는 함께 사는 사람을 배려하면서 여러분이 결정하면 됩니다. 여러분이 매우 창의적인 사람인데 동생과 함께 방을 써야 한다면, 방의 절반만 어지르는 방법을 생각해 보세요.

자기 방에 들소 떼가 지나간 것 같다는 사람에게는 A. A. 밀른(곰돌이 푸를 만든 사람이에요)의 희곡집 제목을 보여 주고 싶습니다. '어질러진 상태의 장점 중 하나는 그 속에서 항상 놀라운 발견을 한다는 점이다'.

이것으로도 안 된다면 고대 그리스인에게 도움을 받을 수 있습니다.

호메로스와 같은 시대에 살았을 수도 있는 시인 헤시오도스는 「신통기」(우주의 탄생과 신들의 기원을 담은 서사시 – 옮긴이)에서 '카오스에서 우주가 나타났다'고 주장했습니다. 즉 무질서 속에서 우리가 사는 세상이 나왔다는 것이죠. 여기서 카오스란 비어 있는 혼돈의 공간, 즉 모든 것이 만들어질 수 있는 거대한 틈을 의미합니다.

소크라테스 이전의 철학자인 아낙사고라스는 기원전 5세기 무렵 이렇게 말했습니다. '만물은 제한이 없는 양과 작은 크기로 전체로서 존재했다. 모두 전체로 존재할 때 크기가 작은 탓에 어떤 것도 구별되지 않았다. 즉 만물을 지배하는 것은 공기와 에테르였다.' 혼돈 상태의 미세한 혼합물에서 사물의 씨앗이 서서히 질서를 잡아 가면서 우리가 사는 세상이 창조되었다는 것이죠. 거대한 틈을 생각하든 형체 없는 덩어리를 생각하든, 고대의 두 철학자인 아낙사고라스와 소크라테스는 한 가지에 대해서는 같은 생각이었습니다. 즉 곳곳에 거대한 무질서가 있다는 것이었죠.

그러니 산더미처럼 쌓인 양말, 공책, 간식 찌꺼기, 사탕 포장지에서 또 다른 우주가 탄생할 수도 있습니다. 깔끔하게 정돈된 우주가요.

오! 그러나 스크루지는 악착같이 재물을 모으는 구두쇠였다.
어떤 강철에 부딪쳐도 작은 불꽃 하나 일으킬 수 없는 부싯돌처럼 모질고 냉담했다.
굴 껍데기처럼 자기 자신 속에 갇혀서 비밀스럽고 외로웠다.
마음속에 품고 있는 냉기로 늙은 얼굴선이 차갑게 굳어 있었다.
(……) 어떤 온기로도 그는 따스해지지 않았고 어떤 겨울바람에도 추워하지 않았다.
:: 찰스 디킨스, 『크리스마스 캐럴』

증오

증오는 정말 극단적인 감정입니다. 그래서 증오를 느낀다고 인정하는 사람은 거의 없습니다.

때때로 어른들, 그러니까 부모님이나 선생님은 우리를 이해하려고 노력하지 않고 오직 가르치려고만 합니다. 걸핏하면 고함을 지르고 모든 것을 못하게 하죠. 그러면 우리는 일기장에 '부모님과 선생님을 증오해!'라고 적습니다. 말다툼을 하다가 그렇게 외치기도 하죠. 나중에 생각하면 부끄러운 일이에요. 말은 중요합니다. 말로 상처와 슬픔을 주고 사람을 속일 수도 있으니까요. 그러니 '증오한다'라고 말하거나 쓴다고 해서 진짜 증오하는 건 아니에요. 그냥 분노로 머릿속이 하얘졌을 뿐입니다. 우리는 사랑하는 사람에게 그렇게 분노를 터뜨립니다. 그들의 생각이 중요하고 그들의 인정을 받고 싶어서예요.

그런데 증오는 완전히 다른 감정입니다. 신체적인 공격을 하지 않더라도 증오는 폭력적이고 파괴적입니다. 증오심을 품은 사람은 증오의 대상이 사라지기를 바랍니다. 그래야 세상이 더 좋아지고 기분도 더 좋아질 테니까요. 특정한 사람, 민족, 성별을 증오하는 경우도 많습니다. 특별히 어떤 사람을 증오하기보다는 그가 속한 무리 전체를 증오합니다. 그 무리에 대해 아는 것이 없는데도 말이에요.

그러고 보니, 증오는 매우 어리석은 감정 같네요. 맞아요, 증오는 어리석은 감정이에요. 증오심을 품은 사람이 추론하고 대화하고 정보를 얻을 수만 있다면, 그렇게 적대감의 뿌리를 찾아 원인을 밝힐 수만 있다면 분노의 감정은 줄어들 거예요. 마치 풍선에서 바람이 빠지듯이 말이죠.

인터넷에서 분노하는 사람들, 소셜 미디어에서 나쁜 댓글을 다는 사람들이 그런 모습을 보입니다. 인터넷이나 소셜 미디어에서 그들은 한 번도 만난 적이 없는 사람들에게 예의 없는 말을 퍼붓고 '죽으라'고 합니다. 익명성(자신이 누구인지 드러나지 않는 것 - 옮긴이)의 보호를 받으면서 말이죠. 증오의 말을 댓글로 달면서 그 결과는 전혀 고려하지 않습니다. 허무맹랑한 적대감 속에서 그들은 자신이 강하다고 느낍니다. 심지어는 용감하다고 생각합니다. 낯선 사람이 누군가를 욕하는 글을 읽거나 말을 듣고서 똑같이 익명으로 증오심을 표현하는 것이 용기일까요? 누군지 모르는 사람들에게 언어폭력을 휘두르는 것이 용기일까요? 그것은 비겁한 행동일 뿐이에요.

그런데 소셜 미디어가 등장하기 전에도 사람들은 증오심을 만드는 방법을 알고 있었습니다. 셰익스피어의 「오셀로」에서 이아고가 그랬던 것처럼 상대방의 귀에 의혹과 의심을 속삭여서 증오심을 불어넣을 수 있습니다. 원한과 변덕을 이용할 줄 알아야만 증오심을 일으키고 부채질할 수 있습니다. 증오는 우리 마음속에 숨어 있다가 말, 글, 가짜 뉴스를 통해 밖으로 나옵니다.

증오심이 도움이 될 때도 있습니다. 위대한 문학 작품을 탄생시킬 수도 있거든요. 영웅은 사악하고 막강한 적과 싸우면서 진정한 용기를 보여 줍니다. 그리고 선이 승리하는 모습도 보여 주죠. 셜록 홈스에게는 모리아티 교수가, 배트맨에게는 조커가, 삼총사에게는 리슐리외 추기경과 사악한 밀라디가 적이었어요. 『반지의 제왕』의 영웅들에게는 사우론이 적이었죠. 영웅이 악당의 증오심에 맞서지 않는다면 세상에는 감동이 없을 거예요!

문학 작품에서 가장 끔찍한 증오의 화신은 해리 포터의 적인 볼드모트(이름을 불러서는 안 되는 존재였어요)입니다. 잔인하고 무자비하고 과대망상이 심한 그는 오직 상대방을 없애기 위해서만 존재합니다. 그는 고아원에서 다른 아이들을 괴롭혔고 나중에는 자신의 영혼을 조각내어 호크룩스(영원한 삶을 위해 영혼의 조각을 담아 두는 물건들 - 옮긴이)에 담았어요. 그렇게 톰 리들(볼드모트의 본명 - 옮긴이)은 어둠의 왕이 되기까지 자신의 행동을 되돌아본 적도, 후회한 적도 없었어요. "볼드모트가 이해하지 못하는 단 하나는 바로 사랑이야." 호그와트 교장인 알버스 덤블도어가 '해리 포터' 시리즈 1권에서 해리에게 한 말입니다. 증오심이 가득한 볼드모트에게는 동정심이 조금도 없었습니다. 볼드모트의 증오심은 다른 사람에게도 전염되어 그의 하인이 되기로 했던 사람도 스스로 파멸해 버립니다.

증오심 가득한 볼드모트가 결국 어떻게 되는지 우리는 알고 있습니다. 총 일곱 권의 '해리 포터' 시리즈에서는 장엄한 세계를 배경으로 모험과 마법이 펼쳐집니다. 이 모든 것이 이름을 불러서는 안 되는 자의 증오심에서 시작되었죠. 그의 증오심은 모든 사건의 원인이고 갈등의 씨앗이었어요. 선과 악의 격렬한 싸움은 소설에서 빠질 수 없는 요소입니다.

증오는 오직 소설적 재미를 위해서만 환영받는 감정입니다.

오, 주인이시여, 질투를 조심하십시오.
질투는 사람의 마음을 농락하며 먹이로 삼는
녹색 눈의 괴물이니까요.
:: 윌리엄 셰익스피어,「오셀로」

질투

"난 절대 질투하지 않아."

우리는 그렇게 말해요. 하지만 우리는 크든 작든 질투를 느껴요. 질투는 특이한 것이 아닙니다. 질투심을 인정하는 것은 쉬운 일이 아니에요. 그렇다고 질투심을 부인한다면 절대 그것을 이겨 낼 수 없습니다. 질투심은 성숙하고 깊은 애정을 방해해요. 그러니 차라리 질투의 두 눈을 바라보는 것이 낫겠지요. 셰익스피어의 말처럼 질투의 녹색 눈을 말이죠. 때로 우리는 질투심을 시기심과 혼동해요. 둘은 같지 않은데 말이죠. 다른 사람의 것을 원할 때 우리는 시기심을 느껴요. 우리가 가진 것을 잃을까 두려울 때는 질투심을 느끼고요. 두 감정은 분명 다릅니다.

우리도 종종 그런 차이점을 느껴요. 질투는 아기들도 느끼는 자연스러운 감정이기 때문이에요. 또한 질투는 비뚤어진 방식으로 사랑과 연결된 감정이기 때문이지요. 어떤 사람은 질투를 사랑으로 착각하기도 합니다. 그런데 그건 심각한 착각이에요!

질투는 사랑의 일그러진 얼굴이라고 생각할 수 있어요. 사랑의 옷을 입었지만 사랑의 아름다움도, 사랑의 용기도 갖지 못한 허수아비라는 거죠. 그러니 질투를 구별하는 법을 배우는 게 좋아요. 친구가 다른 사람과 어울리면 우리는 질투가 납니다. 가장 친한 친구가 반에 새로 들어온 전학생과 친구가 되면서 우리와 멀어졌다고 믿기 때문에 우리는 질투를 합니다.

그래서 비참한 감정이 바늘처럼 마음을 콕콕 찌른다면 우리가 친구에게 신경 쓰느라 우리 자신을 들여다보지 못하는 것은 아닌지 생각해 봐야 합니다.

때때로 질투심은 우리 집 안에 똬리를 틀고 있습니다. 그러니 흔히 볼 수 있는 질투심이라고 해도 가볍게 넘기지 마세요. 집 안의 질투심은 엄마 아빠나 할아버지 할머니의 사랑을 두고 생겨납니다. 부모님과 조부모님의 사랑을 케이크처럼 생각하는 탓이죠. 예전에 동생이 없었을 때에는 나 혼자 케이크를 먹었어요. 하지만 동생이 생기면 케이크를 나눠 먹어야 합니다. 나는 나눠 먹고 싶지 않은데 말이죠. 내가 둘째라면 어떨까요? 더 나빠요. 내가 태어나기 전에 못 먹었던 케이크까지 당연히 가져야 하기 때문입니다. 히아원 오럼의 소설에서 2호 공주님도 그렇게 주장하죠.

> 옛날에 공주님 두 명이 살았어요. 1호 공주님과 2호 공주님이에요. 1호 공주님은 자신이 1호라서 기뻤지만 2호 공주님은 2호라서 불만이었죠.

그래서 2호 공주님은 2호에서 벗어나기로 결심해요. 하지만 가족은 케이크가 아니에요. 오히려 경계가 없는 우주와 같죠. 이 우주에는 모든 은하계를 위한 자리가 있습니다. 새로운 별이 만들어지면, 다시 말해 사랑할 다른 사람이 나타나면 새로운 중력이 생기면서 우리 주변의 공간이 변하게 됩니다. 그러면 균형점도 변하게 되죠. 어쩌면 상황은 이전보다 더욱 안정될 거예요! 질투도 마찬가지예요. 때로 우리를 콕콕 찔러서 아프게 하는 질투는 우리를 창피하게 하고 우정과 사랑을 방해하지만, 다행히 우리가 노력하면 극복할 수 있어요.

> 2호 공주님은 두 손으로 눈을 가리며 이렇게 속삭였어요. "그러면…… 나는 …… 1호가…… 될 수 있었을 텐데." 그러나 놀랍게도 하늘이 무너지지 않았고, 세상이 끝나지도 않았어요.

질투는 작가와 시인에게 최고의 소재예요. 그들은 질투를 소재로 위대한 이야기와 놀라운 인물(따라 해서는 안 되는 인물이에요)을 창조했어요. 그중 최고의 비극은 셰익스피어의 「오셀로」예요. 이 작품에는 두 가지의 질투가 나오고 하나의 질투가 또 다른 질투의 원인이 됩니다. 덕분에 우리는 질투심에 눈먼 사람의 메마른 마음속을 들여다볼 수 있어요. 오셀로(무어인 용병으로, 흑인이에요)는 베네치아의 유능한 장군이고 아름다운 데스데모나를 사랑했습니다. 이제 막 오셀로의 아내가 된 데스데모나 역시 오셀로를 사랑했지요. 사악한 이아고는 겉

으로 오셀로에게 충성했지만 사실은 오셀로를 질투했어요. 그리고 오셀로가 카시오를 부관으로 임명한 것에 앙심을 품죠. '카시오란 놈을 부관으로 임명하다니!' 이아고는 오셀로와 카시오를 모두 파멸시키기 위해 교활하고 정교한 계획을 세웁니다. 데스데모나가 카시오와 바람이 났다고 오셀로를 속이는 것이었죠. 용감하지만 순진한 오셀로의 귀에 이아고는 의심의 말을 속삭입니다. 그리고는 거짓 증거를 뿌려서 더욱 의심을 키웁니다. 상황은 점점 눈사태처럼 커지다가 결국 오셀로를 덮치고 말아요. 이아고의 생각이 들어맞은 것이죠. 이아고는 질투심에 대해 잘 알았기 때문에 오셀로의 마음을 들여다보는 것만으로 그를 파멸시킬 수 있었어요.

마지막에 셰익스피어는 질투하는 사람이 어떤 변명을 늘어놓는지 들려줍니다. 이아고는 자신이 부당한 일을 당했다고 믿었어요. 그에게는 그 사실만 중요했죠. 그는 결코 스스로에게 묻지 않습니다. 라이벌인 카시오가 부관이 될 자격이 있는지, 오셀로가 공을 세운 덕분에 명성과 권력을 얻은 것은 아닌지, 오셀로가 자신보다 나은 사람이라 주변 사람들이 행복해진 것은 아닌지! 질투심 많은 사람이 그렇듯, 이아고는 파멸을 두려워하지 않고 오로지 자신의 질투 심만 좇습니다.

오셀로의 사랑에는 한계가 있었습니다. 오셀로가 아내를 의심하면서 그 한계가 드러나죠. 그는 명예와 정절에 대해 말하지만 오직 자신에게만 생각을 집중해요. 데스데모나에게는 결코 집중하지 않습니다.

사실 질투는 누군가를 자기 것이라고 믿기 때문에 생기는 거예요. 사람을 사람이 아닌 물건으로 생각하는 거죠. 질투심으로 고통받는 사람은 상대를 사랑한다고 믿지만, 사실 그건 진정한 사랑이 아닙니다. 사랑과 질투는 친구가 아니라 적이거든요.

키압 씨는 연단에 놓인 작은 책을 넘겨 보다가 마침내 원하는 페이지를 찾고 나서 안경을 썼다. "인생의 새로운 규칙을 만들어야 하지 않을까요? 필요 이상으로 늘 친절하려고 노력해야 하지 않을까요?" 이때 키압 씨는 눈을 들어 청중을 보았다. "필요 이상으로 친절하라." 그는 되풀이해서 말했다. "정말 훌륭한 말 아닙니까? 필요 이상으로 친절하라. 친절한 것만으로는 충분하지 않기 때문입니다. 우리는 요청받은 것 이상으로 친절해야 합니다."

:: R. J. 팔라시오, 『원더』

친절

우리 모두는 친절한 사람을 좋아합니다. 불친절한 태도나 무례한 대답은 아무도 좋아하지 않아요.

친절한 사람은 쉽게 친구를 사귀어요. 원하는 것을 힘들지 않게 얻지요. 실수해도 금방 용서받고요. 우리는 친절한 사람과 놀고 싶어 하고, 즐거운 마음으로 그들을 생일 파티에 초대합니다. 불친절한 사람과는 어쩔 수 없을 때만 만나죠. 불친절한 사람과 있으면 마음이 편하지 않거든요. 우리는 그들과 비슷해지면서 때때로 최악의 모습을 보여 줍니다.

우리는 본능적이고 자발적으로 친절해야 해요. 그래야 살기 편하고, 학교에서 좋은 친구를 사귀고, 가족 관계가 좋아집니다. 무엇보다 우리 기분이 좋아지죠.

그걸 알면서도 우리는 왜 다른 사람의 기분을 상하게 할까요? 왜 기분 나쁘게 대답할까요? 왜 억지로 "고마워" 혹은 "부탁할게"라고 말할까요? 우리 잘못만은 아니에요. 우리 주변에는 고함을 치거나 서로 비난하거나 말을 중간에서 끊거나 절대 사과하지 않는 사람들이 있습니다. 주위를 살펴보거나 페이스북 같은 소셜 미디어에 들어가거나 텔레비전을 보면 알 수 있어요. 이런 나쁜 본보기를 보면 쉽게 영향을 받게 돼요. 텔레비전에 나오는 유명한 사람이 나쁜 본보기를 보인다면 우리는 그 사람을 따라 하게 됩니다! 그러나 우리는 가상

현실 속에, 혹은 텔레비전 속에 살지 않아요. 우리는 서로 경쟁하고 공부하고 게임하는 사람들 틈에서 살아갑니다. 그 사람들은 우리를 필요로 하고 우리 또한 그들을 필요로 하죠. 가상 세계가 아닌 진짜 세계에서는 목소리가 큰 사람, 폭군처럼 행동하는 사람, 잘난 체하는 사람은 오래가지 못합니다. 다른 사람을 공격하면 즉시 효과가 나타나는 것 같지만 결국에는 혼자가 됩니다. 그러므로 친절한 태도가 가장 효과적입니다. 친절은 사람들을 기분 좋게도 해 줘요.

친절과 예의를 복종과 혼동하는 사람이 있어요. 하지만 친절과 복종은 절대 똑같지 않습니다. 복종은 다른 사람의 의견과 의지에 굴복하는 자세예요.

우리는 모든 것을 알지 못하고 모든 것을 확실히 판단할 수도 없습니다. 게다가 어떤 때는 다른 사람이 결정을 내립니다. 그러면 우리에게는 복종하는 자세가 필요하죠. 그러나 친절한 사람이 되려고 노력한다고 해서 항상 복종하는 태도를 보여야 하는 건 아니에요. 친절은 우리의 의견을 표현하고, 다른 사람을 귀 기울이게 하고, 정당한 요청을 하고, 허락을 받는 가장 좋은 수단입니다.

잘 생각해 보면 친절은 용기 있는 행동입니다. 서로 고함치고 싸우는 세상에서 친절은 약함이 아니라 강함을 표시합니다. 무례하고 오만하고 몰상식한 사람들 틈에서 친절을 베푸는 것은 작지만 위대한 반란입니다. 그러면 우리가 변할 뿐만 아니라 다른 사람의 행동도 변합니다.

로알드 달의 『내 친구 꼬마 거인』은 친절을 베푸는 용기에 대해 들려줍니다.

친절한 거인은 친구 거인들처럼 공격적이고 폭력적이고 사악하지 않습니다. 사람을 잡아먹는 친구 거인들은 '빠득빠득', '꿀꺽꿀꺽', '질겅질겅'처럼 무시무시한 이름을 가지고 있었어요. 그들은 소리를 지르고, 서로 때리고, 발로 차고, 물어뜯으면서 시간을 보냈죠. 하지만 친절한 거인은 달라요. 커다란 귀로 세상의 모든 소리를 듣지요. 심지어 나무들이 자라는 소리까지 듣습니다.

"나에 비하면 너는 푸딩처럼 귀머거리야." 친절한 거인이 큰 소리로 말했다.

"너는 폭탄처럼 큰 소리만 듣지! 그 손톱만 한 작은 귀로. 하지만 나는 우주가 속삭이는 비밀을 모두 듣고 있어!"

놀라운 청력 덕분에 친절한 거인은 커다란 잠자리채로 인간의 꿈을 채집해서 항아리에 넣습니다. 어떤 꿈은 아름답고 어떤 꿈은 무시무시합니다. "꿈에는 아무것도 필요하지 않아." 친절한 거인이 계속 말을 이었습니다. "좋은 꿈이면 사람들이 그 꿈을 풀어 좋은 일을 할 때까지 끈기 있게 기다리지. 나쁜 꿈이면 무슨 수를 써서라도 도망칠 거고." 그렇게 친절을 퍼뜨리고 사악함을 줄이면서 거인은 세상을 바꿀 거예요.

친절한 거인의 임무는 중요하지만 실천하기는 힘들어요. '지구 사람들은 친절함에 있어서 평판이 안 좋기' 때문입니다.

"당신은 누구세요?" 제비가 물었다.
"나는 행복한 왕자란다."
"그런데 왜 울고 있어요? 당신이 흘린 눈물로 내 몸이 흠뻑 젖었어요."
"내가 살아서 인간의 심장을 가지고 있을 때는 눈물이 뭔지 몰랐어. 슬픔은 들어올 수 없는, 근심 걱정 없는 궁전에서 살았거든. 낮에는 친구들과 정원에서 놀았고 밤에는 넓은 홀에서 춤을 추었단다. 아주 높은 담이 정원을 둘러싸고 있었지만 담 너머에 뭐가 있는지는 결코 물어 본 적이 없었단다. 주위의 모든 것이 너무 아름다웠기 때문이란다. 궁정의 하인들은 나를 행복한 왕자라 불렀고 나는 정말 행복했단다. 쾌락이 행복이라면 말이야. 나는 그렇게 살다가 그렇게 죽었지. 내가 죽자 사람들이 나를 여기 위에 세워 두었단다. 이렇게 높은 곳에 있으니 내 나라의 온갖 비참함과 추악함을 볼 수 있구나. 내 심장은 납으로 만들어졌지만, 눈물을 뚝뚝 흘리지 않을 수가 없구나." 조각상이 대답했다.
:: 오스카 와일드, 『행복한 왕자』

행복

철학자들은 행복이 무엇인지, 어떻게 실현하는지 가르쳐 주려고 했어요. 많은 철학자가 행복이야말로 우리 인생의 궁극적 목표라고 생각했거든요.

무슨 뜻일까요? 우리의 모든 행동, 관계, 계획이 행복을 목표로 한다는 뜻일까요? 혹은 우리의 믿음이 행복을 보장해 준다는 뜻일까요? 간단한 듯하지만 절대 그렇지 않아요.

고대 그리스 철학자들이 최초로 행복을 성찰했습니다. 행복이 무엇일까요? 어떻게 행복을 얻을 수 있을까요?

기원전 4세기에 철학자 아리스토텔레스는 인간 최고의 선, 즉 행복을 에우다이모니아(eudaimonía)라고 불렀습니다. 어려운 말이지만 자세히 들여다보면 그리 어렵지 않아요. 이 말은 선한(에우) 정령(다이몬)과 함께 있다는 뜻이니까요. 이상한가요? 전혀 그렇지 않아요! 고대 그리스인은 다이몬이 우리를 안내한다고 생각했어요. 다이몬은 우리 안에 숨어 있는 힘이고, 우리를 태어나게 한 원인이고, 우리가 가진 능력이죠. 즉 다이몬은 철학자이고 예술가이고 조각가이고 선원이고 농부입니다. 한마디로 다이몬은 우리의 소명이에요. 그래서 그것이 일단 실현되기만 하면 행복에도 도달할 수 있는 거예요.

어떻게 하면 행복에 도달할 수 있을까요? 다른 목표에 속으면 안 돼요. 재산? 절대로 목표가 아니에요. 성공과 평판? 역시 목표가 아니죠! 돈과 권력과 명성은 행복한 인생을 보장하지 않습니다. 고대 그리스 시대에도, 오늘날에도 마찬가지예요. 아리스토텔레스에 따르면 행복은 자아실현이고, 자기 능력을 계발하는 거예요. 자아실현이야말로 우리를 이끌어 주는 다이몬입니다.

그렇게 보면 행복은 정말 단순해요. 여행을 떠나는 것과 같죠. 여행할 사람과 함께 목적지를 고르는 것입니다. 하지만 진정 배우고 싶은 것이 무엇인지, 어떤 직업을 갖고 싶은지, 어떤 친구를 사귀고 싶은지, 인생을 누구와 함께 보내고 싶은지 아는 것은 복잡한 일이에요. 순간적인 실수로 길을 잘못 들기도 하고요!

우리 자신을 더 많이 알수록 여행은 쉬워집니다. 우리의 욕망과 열망에서 출발하여 우리의 한계를 기억하고 우리 자신의 내면을 살펴보세요. 그리고 우리의 능력을 헤아려 보면 우리의 다이몬이 실현될 거예요. 쉽지 않지만 불가능하지는 않아요. 고대 그리스 시대 이후에도 사람들은 무엇이 행복인지, 어떻게 행복에 도달할지 고민했어요. 1776년에 작성된 미국 독립 선언문에는 다음과 같은 문구가 나와요. '우리는 다음과 같은 사실을 자명한 진리로 받아들인다. 즉 모든 인간은 평등하게 창조되었고, 창조주는 몇 개의 양도할 수 없는 권리를 부여했으며, 그 권리 중에는 생명과 자유와 행복의 추구가 있다.'

행복이 처음으로 다른 사람에게 넘겨줄 수 없는 권리로 인정받은 거예요. 즉 행복은 없앨 수도 빼앗을 수도 없는 권리이고, 생명이나 자유와 함께 모든 인간이 가진 권리입니다. 하지만 다른 권리와 마찬가지로 모든 인간이 행복을 얻을 수 있다는 의미는 아니에요. 그냥 우리 모두가 행복을 찾을 권리가 있다는 뜻이지요.

물론 다른 사람의 행복과 자유와 생명을 해치면서까지 내 행복을 좇을 수는 없어요. 그러나 누군가를 불행하게 만드는 법률을 없애기 위해 싸울 수는 있죠.

행복과 자유는 어떻게든 연결되어 있어요. 이상한가요? 전혀 그렇지 않아요. 우리가 누군가의 노예라면 행복할 수 없어요. 다른 어떤 것, 즉 공포나 정부의 노예가 되어도 마찬가지예요. 우리가 다른 사람의 행복을 따라간다면 절대 행복해지지 못할 거예요. 행복은 모든 사람이 가진 권리이지만 각자의 행복은 다르거든요. 주관적이고 변화무쌍하죠. 혼자서는 절대 행복을 가질 수 없어요.

그래서 우리는 다른 사람들도 보게 돼요. 불행한 사람들 속에서 우리는 결코 행복하지 못합니다. 행복은 각자의 마음속에 있는 감정인 것 같아도 사실은 다른 사람과 함께할 때에만 느낄 수 있거든요. 아리스토텔레스의 말처럼 인간은 사회적 동물이기 때문이에요. 인간은 언어를 가진 동물이에요. 누구도 혼자서는 말하지 못하고 늘 다른 사람과 함께 말을 해야 합니다. 그래서 상황이 더욱 복잡해집니다. 하지만 우리 모두가 동의하는 것이 한 가지 있어요. 증오, 적대감, 질투, 탐욕, 오만과 같은 부정적인 감정으로는 행복해질 수 없다는 점이에요. 이 점이 좋은 출발점이 됩니다.

무엇이 우리를 행복하게 할까요? 정말 어려운 문제예요. 그래서 이마누엘 칸트는 이렇게 말했어요.

'불행히도 행복이라는 개념은 너무나 불확실해서 인간은 행복에 도달하기를 원하지만 사실 아무도 자신이 무엇을 소원하고 바라는지 말할 수 없고, (……) 실제로 자신을 행복하게 하는 것이 무엇인지 말할 수 없다.'

다시 다이몬이 문제입니다. 다이몬은 어디에 숨어 있을까요? 어떻게 다이몬에게 이름과 얼굴을 줄 수 있을까요?

그런 점에서 행복은 감정이나 마음의 상태라기보다는 계속 움직이는 목적지를 향해 가는 여행과 같습니다. 장애물이 가득해서 괴로울 때도 있지만 오직 우리만이 행복이라는 오솔길을 만들 수 있어요. 다른 사람이 그려 둔 여정을 따라간다면 우리는 멀리 가지 못할 거예요. 우리는 여행을 떠나기 전에 일정과 숙소를 정해야 하고 함께할 친구도 선택해야 합니다. 혼자서는 출발조차 못하기 때문이죠. 어려운가요? 하지만 흥분되고 흥미진진한 일이에요.

여행하는 내내 향수는 내게
찰싹 붙어 있었다. 여행을 마친 뒤에
그 향수만 내게 남아 있었다.
:: 나짐 히크메트

향수

향수는 지금은 없고 과거에 있었던 것에 대한 갈망입니다. 그래서 향수는 모든 사람이 갖는 감정이 아닙니다. 향수를 느끼려면 과거에 누군가를 알았어야 하고, 어떤 기억을 가져야 하며, 그때 머문 장소를 좋아해야 합니다. 향수(nostalgia)라는 말은 1688년 요하네스 호퍼라는 의대생이 만들었습니다. 향수는 그리스어 노스토스(nóstos, 귀환)와 알고스(álgos, 고통)로 만든 단어입니다. 호퍼는 향수가 일종의 우울이라고 했어요. 고향을 떠난 사람이 고향에 다시 돌아가기를 바랄 때 향수를 느끼게 되죠. 향수는 슬프고 우울하지만 달콤하기도 해요. 때로는 기분을 좋게도 하죠.

어떻게 그럴 수 있냐고요? 향수는 과거에 사랑한 어느 시기, 풍경, 사람에게로 우리를 데려가기 때문입니다. 어떤 의미에서 향수는 우리에게 뭔가를 되돌려 주는 거죠. 그것이 바로 향수가 주는 달콤함입니다. 그리하여 우리는 그날 그곳에서 그 사람과 나눴던 행복을 추억합니다. 지금은 없기 때문에 허전함을 느끼는 동시에 그때의 행복을 추억하면서 기쁨을 느낍니다.

심지어 향수 덕분에 우리는 내면에 있는 뭔가를 다시 보기도 합니다. 사실 우리는 행복한 순간에 행복을 알아차리지 못하는 경우가 있습니다. 그러다 나중에 그 순간을 다시 생각하면서 행복을 깨닫게 됩니다. 슬픈 향수를 느끼면서 고국과 친구의 소중함을 깨닫는 것이죠. '그때는 그랬지. 하지만 이제는 모두 지나가 버렸구나. 다시는 되돌릴 수 없구나!' 맞아요. 하지만 아무리 기억을 떠올

려 봐도 아름다운 추억이 충분하지 않습니다. 조금 우울하네요. 그래도 추억은 우리 머릿속에 남은 작은 보물 상자입니다. 오직 우리만이 그 보물 상자의 열쇠를 갖고 있죠. 향수를 불러일으키는 것은 우리 마음속에 남은 작은 조각입니다. 과거에 소중했고 현재도 소중한 우리 인생의 조각 말이죠. 향기, 음식, 노래 덕분에 우연히 그 작은 보물이 나타날 수도 있습니다. 그러면 그 작은 보물을 쫓아내지 마세요. 환영하고 음미하세요.

계속 과거를 현재로 불러내는 태도에 '향수병'이라는 이름을 붙이곤 합니다. '아, 예전에는 잘 지냈는데. 그때 거기에서는 더 행복했는데……' 하지만 진정한 향수는 현재를 슬퍼하고 과거를 추억하는 것이 아닙니다. 그런 사람들은 과거에도 똑같았을 거예요. 그들은 행복했던 때를 추억하는 것이 아니에요. 그냥 현재의 불만을 과거의 기억으로 채울 뿐이죠. 진짜로 향수를 느끼는 사람들은 괴로워하면서도 추억이 있는 것에 기뻐합니다.

향수를 보여 주는 대표적인 인물이 오디세우스(호메로스의 서사시 「오디세이아」의 주인공 – 옮긴이)입니다. 그는 10년간 트로이 전쟁에 참전했다가 마침내 집으로 돌아갑니다. 집으로 돌아가는 길에는 위험한 사건이 끊임없이 이어지죠. 그는 다시 10년이 흐른 뒤에야 고향 이타카로 돌아가 가족을 만납니다.

집으로 돌아가는 10년 동안 오디세우스가 모험을 한 기간은 3년입니다. 오디세우스는 엄청난 폭풍우에 배와 부하들을 잃고 아름다운 요정 칼립소와 함께 오기기아 섬에서 7년간 지냅니다. 칼립소는 오디세우스를 사랑했어요. 그래서 그를 붙잡기 위해 불사신으로 만들어 주겠다고 약속합니다. 죽지 않게 해주겠다는데 누가 싫어할까요? 하지만 오디세우스는 향수에 시달립니다.

숲이 울창한 오기기아 섬보다 나무가 적고 바위가 많은 그의 섬을 그리워합니다. 신의 딸인 칼립소보다 늙고 아름답지 않은 아내 페넬로페를 그리워합니다. 이것이 향수입니다. 자신에게 너무 소중해서 무엇으로도 대신할 수 없는 것을 그리워하는 거죠. 향수에 시달린 오디세우스는 틈만 나면 해변으로 나가 수

평선을 물끄러미 바라봅니다. 이타카 해안을 상상하면서요.

> 칼립소는 해변에 앉아 있는 오디세우스를 발견했다. 그는 눈물이 그렁그렁한 눈으로 고향에 돌아가기를 갈망하면서 인생을 소모하고 있었다. 그는 이제 칼립소를 좋아하지 않았다. 밤에는 (……) 칼립소 옆에서 잠을 잤다. 그러나 낮에는 해변 바위 위에서 비탄과 눈물로 가슴을 쥐어뜯으면서 끝없는 바다를 바라보며 울었다. 가까이 다가온 칼립소가 말했다. "불행한 사람이여, 이제 울지 마시오. 당신의 삶을 망가뜨리지 마시오. 이젠 좋은 마음으로 보내 드릴 테니. 거대한 통나무를 잘라 대형 뗏목을 만드세요. 시 검은 바다로 나갈 수 있도록 그 위에 높은 선미 갑판을 만드세요. 당신이 배고프지 않도록 안에는 빵과 물, 적포도주를 충분히 넣어 놓을게요. 옷도 드릴게요. 당신이 조상의 땅에 무사히 도착하도록 순풍을 불어 줄게요."

고향으로 돌아가고 싶다는 바람에 칼립소는 항복했어요. 그리고 튼튼한 배를 만들도록 가장 좋은 나무를 줍니다. 오디세우스를 고향에 데려다줄 순풍도 약속하죠.

칼립소라는 이름은 '숨기다'라는 뜻의 그리스어 동사에서 나왔어요. 칼립소는 이름대로 오디세우스를 7년 동안 숨겨 두었죠. 그가 고향을 잊기를 바라면서요. 그러나 향수 앞에서 시간은 중요하지 않았습니다.

허영심

"나는 그림을 아주 잘 그려." "나는 이해심이 많아." "나는 모두에게 친절해."
"내가 골키퍼가 되면 마라도나도 골을 못 넣을걸……." 이 말들은 모두 사실이
아닙니다. 특히 마라도나 얘기는 말도 안 됩니다. 우리처럼 평범한 사람은 주변
에서 특별한 일이 생기면 늘 알아차립니다. 그러나 허영심이 강한 사람은 스스
로 자랑하지 않으면 아무도 자신을 칭찬하지 않으리라 생각합니다. 그래서 온
세상에 떠벌립니다.

'허영'과 뜻이 같은 말을 얼마나 알고 있나요? 자만, 무례함, 오만불손…….
특히 마지막 말이 가슴에 와닿습니다. 입술을 천천히 좌우로 움직이면서 이 말
을 발음해 보세요. 건방지고 오만한 태도로 거들먹거리는 모습이 마치 칠면조
처럼 자만심으로 부풀어 오른 사람을 떠오르게 하지 않나요?

오만한 사람은 다른 사람의 눈에 비친 자신의 모습, 즉 부풀어 오른 풍선 같
은 자신의 모습을 보지 못합니다. 그래서 그에게는 거울이 필요합니다. 거울이
없다면 그에게 진실을 말해 줄 믿을 만한 친구가 있어야 합니다.

깃털이 화려하고 몸집이 커다란 공작은 허영의 상징입니다. 심지어 '공작처
럼 허영을 부린다'라는 말이 있을 정도입니다. 공작은 모두에게 칭찬을 듣기
위해 날개를 수레바퀴처럼 둥글게 펼치고 돌아다닙니다. 고대 그리스의 우화
작가인 이솝은 교훈이 담긴 짤막한 동물 이야기를 썼습니다. 그중에는 공작과
학 이야기도 있습니다.

공작은 학을 비웃고 학의 깃털을 보면서 이렇게 말했다. "나는 황금색과 진홍색 옷을 입었는데, 너의 날개는 참 볼품없구나." 그러자 학이 대답했다. "나는 반짝이는 별 옆에서 노래하고 저 높은 하늘을 날아다녀. 그런데 너는 마치 수탉처럼 땅에서 암탉 사이를 헤집고 다니네."

이솝 우화에 등장하는 동물들은 악덕 혹은 미덕을 갖춘 인간을 상징합니다. 우리는 그 사실을 잘 알고 있습니다. 그래서인지 학을 비웃는 공작을 보면 우리가 아는 누군가가 떠오릅니다. 그에게 알려 주세요. 멋진 사람은, 진정 멋진 사람은 자랑할 필요를 못 느끼기 때문에 절대 자랑하지 않는다고 말이에요.

좀 더 가까이에서 보면
(숙녀 신사 여러분, 코를 틀어막으세요),
윗입술 위의 뻣뻣한 콧수염 사이사이를 자세히 들여다보면
딱딱하게 굳은 음식물 찌꺼기가 보일 것이다.
그가 손으로 문질러도 용케 살아남은
썩은 고르곤졸라 치즈 조각이나 곰팡이 핀 감자튀김,
심지어 통조림에 있던 미끌미끌한 정어리 꼬리까지
몇 달 전부터 거기에 달라붙어 있었다.
:: 로알드 달, 『멍청 씨 부부 이야기』

혐오감

『종의 기원』을 쓴 찰스 다윈도 혐오감에 대해 정의했습니다. '혐오감은 주로 미각과 관련하여 경험되며, 그다음에는 후각, 촉각 또는 시각을 통해 유사한 느낌을 유발하는 경험으로 인해 체득된다.'

찰스 다윈은 혐오감을 느낄 때 얼굴 표정이 어떻게 바뀌는지도 자세히 설명했습니다. '적당한 혐오감은 얼굴에서 다양한 방식으로 나타난다. 비위 상하는 음식을 뱉으려는 듯 입을 쩍 벌려서 침을 뱉고 입술을 내밀면서 바람을 후 불고 헛기침을 한다. 이 후두음은 아흐 혹은 에후 하는 소리와 함께 표현되며, 때로는 몸의 떨림이 동반된다. 그러는 동안 두려움을 표현할 때처럼 어깨가 불쑥 위로 올라가고 두 팔로 가슴을 꼭 부여잡는다. 그러나 매우 강한 혐오감은 구역질이 나올 때와 비슷한 행동으로 표현된다. 입이 쩍 벌어지고, 윗입술이 강하게 일그러지고, 콧구멍에 주름이 잡히고, 아랫입술이 밑으로 내려가 최대한 뒤집어진다.'

지금 여러분은 다윈이 설명한 표정을 그대로 짓고 있을 것입니다. 그렇다면 이렇게 생각해 보세요. 혐오감이 종종 우리 조상의 생명을 구했고 이제는 우리

의 생명도 구할 수 있다고 말이죠. 사실 우리가 혐오하는 맛이나 냄새는 때때로 독, 위험 물질, 상한 음식을 알려 주는 신호가 됩니다. 다시 말해 경고 사이렌과 같은 기능을 하는 것이죠.

예를 들어 볼게요. 냉장고 문을 열면 시큼한 우유 냄새가 코로 훅 들어옵니다. 다윈의 말대로 여러분은 코를 찡그리고 아흐 혹은 에후 하는 소리를 내뱉죠. 배가 아파서 고생하고 싶지 않다면 우유를 마시지 말라고 알려 주는 사람은 없어요. 우유에 코코아 가루 두 숟가락을 타도 소용없다고 말리는 사람도 없죠.

시대와 문화에 따라 이런 반응을 일으키는 음식과 냄새는 달라집니다. 다윈은 그런 사실을 잘 알고 있었고 우리 역시 잘 알고 있습니다. 다른 사람들은 맛있다고 하는 요리에 우리는 혐오감을 느낄 수 있습니다. 한 번도 먹어 본 적이 없고, 지금도 먹고 싶은 생각이 전혀 안 들죠.

고대 로마인들은 가룸, 즉 썩은 생선의 내장으로 만든 소스를 정말 좋아했어요. 오늘날의 마요네즈처럼 어디에나 가룸을 사용했죠. 선사 시대에 우리 조상이 어떻게 음식을 먹었는지 누가 알까요? 들소와 매머드를 잡지 못하면 우리 조상은 곤충을 먹었을 거예요. 고대 로마인들은 곤충을 먹는 것을 전혀 역겹게 생각하지 않았어요. 지금까지 우리가 살아 있는 것을 보면 곤충은 전혀 해롭지 않았던 것 같아요.

세계의 많은 지역에서 메뚜기, 개미, 거미, 전갈, 진딧물 등을 잡아먹어요. 구워 먹고, 튀겨 먹고, 삶아 먹고, 푹 끓여 먹고, 빵에 발라 먹죠. 무려 42개 사회에서는 쥐를 잡아먹고요.

혐오감은 시대에 따라, 장소에 따라 크게 달라져요. 혐오감은 지역의 상황, 음식, 건강, 문화와 관련되어 있기 때문이죠. 식습관이 우리와 다르다는 단순한 이유로 조롱해서도, 비판해서도 안 돼요.

학교에서 가끔 장난칠 때가 아니면 이젠 가방에서 메뚜기를 꺼낼 일이 없어요. 어쩌면 미래에는 저녁 식사로 흰개미 튀김과 애벌레 꼬치를 먹을 수도 있을 거예요. 그 맛이 좋을지도 모르죠.

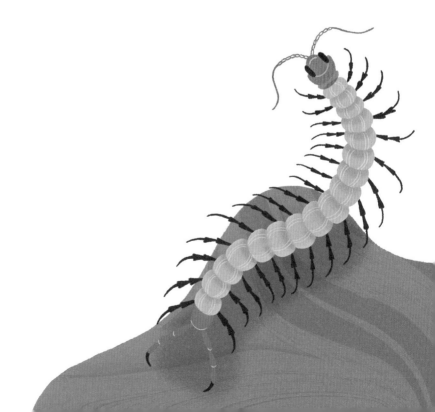

마을 입구에서 길이 세 갈래로 갈라진다. 첫 번째 길은 바다로 가는 길이고, 두 번째 길은 도시로 가는 길이고, 세 번째 길은 아무 데도 가지 않는 길이다. 마르티노는 그것을 알고 있었다. 모든 사람에게 물어 보았고 모두가 똑같이 대답했기 때문이다. "저기 있는 저 길? 저 길은 어떤 장소에도 가지 않아. 그러니까 그 길을 걸어 봐야 소용없어." "어디에 도착하는데요?" "아무 곳에도 도착하지 않지." "그런데 왜 그런 길을 만들었어요?" "아무도 그 길을 만들지 않았어. 항상 거기에 있었지." "그런데 그 길에 뭐가 있는지 보러 간 사람이 아무도 없어요?" "넌 정말 고집불통이로구나. 가 봐야 볼 게 아무것도 없다는데도……." "한 번도 가 본 적이 없는데 어떻게 알아요?" 소년이 그렇게 고집부렸기에 마을 사람들은 소년을 고집쟁이 마르티노라고 불렀다. 하지만 소년은 전혀 신경 쓰지 않았으며, 아무 데도 이르지 않는 그 길을 계속 생각했다. 마르티노는 할아버지 손을 잡지 않고도 길을 갈 수 있을 정도로 충분히 자랐다. 어느 날 아침 일찍 일어난 마르티노는 마을 밖으로 나갔다. 망설임 없이 신비로운 그 길로 들어가서 계속 앞으로 걸어갔다.

:: 잔니 로다리, 『아무도 가지 않은 길』

호기심

호기심은 세상을 움직이고 우리를 세상 너머로 밀어냅니다.

마르코 폴로에서 크리스토퍼 콜럼버스까지, 아문센에서 섀클턴까지 역사적으로 위대한 탐험가는 용감했을 뿐만 아니라 호기심이 많았어요. 그래야 아무도 보지 못한 것을 볼 수 있어요. 저 산과 바다 너머에 무엇이 있는지도 알아낼 수 있고요. 미지의 세계로 지평을 넓히기 위해 목숨 걸고 빙하를 통과하려면 마르지 않는 호기심이 있어야 합니다. 과학자에게도 호기심이 있어요. 사소하거나 위대한 자연의 신비 앞에서 어떻게든 해답을 찾아야 하죠. 뉴턴, 다윈, 갈릴레이, 아인슈타인은 호기심이 많았습니다. 아인슈타인은 이런 말을 했어요. '단언컨대 내겐 특별한 재주가 없다. 호기심과 인내심이 자기비판과 결합해 아이디어를 주었다.' 약간의 겸손도 추가해야겠네요.

발명가들은 말할 필요도 없어요! 아르키메데스에서 마르코니까지, 에디슨에서 테슬라까지 위대한 발명가들은 다른 시각으로 현실을 바라볼 수 있었어요. 바로 엄청난 호기심 덕분이었죠. 우리는 이 호기심을 하나의 질문으로 요약할 수 있어요. '내가 한번 해 보면 어떨까?'

철학의 바탕에도 호기심이 있어요. 위대한 사상가는 사물의 궁극적인 의미에 대해, 사회의 토대에 대해, 인식의 구조에 대해 질문할 수밖에 없어요. 질문에는 의심이 뒤따르죠. 그래서 또 질문을 하고, 또 질문을 해요. 철학의 역사를보면 질문이 꼬리에 꼬리를 물고 이어져요. 그것이 바로 호기심이죠.

기원전 2세기에 카르타고에서 태어난 테렌티우스는 이런 말을 남겼어요. '나는 인간이다. 인간에 관한 일이라면 무엇이든 남의 일로 여기지 않는다.' 탐험가, 과학자, 발명가, 철학자에게 딱 들어맞는 말이죠?

다행히 우리는 어렸을 때부터 호기심이 많아요! 고집쟁이 마르티노처럼 아무렇게나 하는 대답에는 만족하지 못해요. 어쩌면 우리는 탐험가도 발명가도 되지 못할 거예요. 그래도 끝없이 이어지는 수많은 질문을 우리 자신에게 해 봐요. '왜?'라는 질문을 끝없이 던져서 어른들을 쩔쩔매게 해 봐요.

"별을 본 적이 있어? 오로지 별을 보기 위해 집 밖에서 오래 머문 적은 있어?

저 별 뒤에 뭐가 있는지 생각해 봤어? 그야 물론 다른 별이겠지. 하지만 저 별 뒤에는? 이 모든 것 너머에는 뭐가 있을까?" 요슈타인 가아더의 소설에 등장하는 주인공들이 서로 질문을 주고받습니다. 이들은 시간도 국경도 없는 별에서 지구로 찾아온 두 명의 아이예요.

호기심이 많은 아이들은 자라는 동안 점점 호기심을 잃어 갑니다. 정말 슬픈 일이죠. 호기심이 많은 사람은 따분할 틈이 없거든요. 세상에는 모르는 일이 가득하지만, 그래도 지식을 채울 생각에 마음이 들뜹니다.

그래서 호기심이 많은 사람은 가만있지 못합니다. 뭔가를 알고 싶으면 스스로 변할 수 있는 능력이 필요하기 때문이에요. 질문을 더 많이 할수록 우리가 사는 시간과 공간은 더 많이 바뀌어요. 물론 한심한 호기심도 있어요. 예를 들어 다른 사람의 일을 궁금해하고 거기에 험담까지 하는 거죠.

그런 것은 호기심이 아니라 쓸데없는 참견입니다. 쓸데없는 참견은 우리의 성장을 돕지 않습니다. 다른 사람과 사이좋게 지내는 데에도 도움이 되지 않아요! 반면 호기심은 세상을 움직이는 동력이에요. 우리가 알고 있는 지식의 한계를 뛰어넘을 수 있도록 격려해 주죠. 모든 사물의 존재 이유를 궁금해하도록 우리를 자극합니다. 그러므로 화초처럼 호기심을 잘 길러야 해요.

그는 포기하지 않는다. 넘어지면 무릎에서 먼지가 일고 눈물이 얼굴을 적신다. 그리고 다시 일어선다. 계속해, 아이네이아스. 이렇게 빨리 넘어지면 안 되지. 그만두지 않고 계속 전진하려면 영웅적인 힘이 필요하다. 불시에 덮치는 수많은 공격이 별것 아닌 듯이 넘기려면 말이다. 그러니 이 정도면 충분해라고 감히 말해서는 안 된다. (……) 영웅이여, 누구에게도 내가 가는 길의 안내를 맡겨서는 안 된다. 어느 순간이 되면 선택할 일도 거의 없으니 말이다. 오로지 받아들여야 한다. 그러면 곧 해야 할 일이 많아진다.
:: 안드레아 마르콜롱고, 『아이네이아스의 교훈』

회복 탄력성

프랑스 화가 앙리 마티스는 죽기 전 15년 동안 휠체어를 타야 했습니다. 당시 나이가 많았던 그는 이미 유명했고 전 세계가 그의 작품에 찬사를 보냈습니다. 더는 목표가 없고 오히려 너무 많은 것을 가지고 있었죠. 이제 거대한 캔버스에 그림 그리는 일은 너무 힘들었지만 창작에 대한 열망은 그대로였습니다. 그래서 그는 그림을 더 쉽게 그리는 방법을 생각해 냈습니다. 가위로 색종이를 잘라 내어 캔버스에 붙이는 방법이었습니다. 보통은 '콜라주 기법'이라고 부르죠! 그는 그 기법을 통해 오늘날에도 여전히 우리를 매혹하는 걸작을 만들어 냈습니다. 콜라주는 삶의 부정적인 변화에 적응하는 마티스의 힘을 보여 줍니다. 마티스는 회복 탄력성에 관한 멋진 사례입니다.

회복 탄력성에 대해 우리는 이미 잘 알고 있습니다. 물론 회복 탄력성이 쉬운 것은 아닙니다. 그래도 많은 사람이 힘들고 불행한 순간에 회복 탄력성을 보여 주었습니다. 흥미로운 점은 이 말이 기계 공학 쪽에서 만들어졌다는 것입니다! 사실 회복 탄력성은 금속이 충돌과 변형에 저항하는 능력을 의미합니다. 반대 말은 취약성이고요.

회복 탄력성은 금속에서 시작하여 모든 것, 즉 동물, 식물, 우리 자신에게로

214

분야를 넓혔습니다. 회복 탄력성은 상실에 반응하는 능력입니다. 또한 트라우마(엄청난 스트레스를 일으키는 사건에 지속적으로 노출되면서 발생하는 정신적·신체적 상처 – 옮긴이)를 겪은 후에 우리 인생을 다시 세울 힘과 자원을 우리 안에서 찾아내는 능력입니다.

자연은 회복 탄력성을 끊임없이 보여 줍니다. 아스팔트 도로의 틈새에서 풀이 불쑥 솟아난 모습을 본 적이 있나요? 매연과 교통 체증 속에서도 플라타너스는 어떻게 건강하게 자라는 걸까요? 더운 날씨에 잘 자라는 식물은 추운 날씨에 적응하기 위해 꽃 피우기를 포기합니다. 그 반대의 경우도 있고요.

물론 인간은 땅에 뿌리를 내리거나 화분에서 자라지 않기 때문에 어디로든 이동할 수도, 도망칠 수도 있습니다. 하지만 식물과 인간을 비교해 볼 수는 있습니다.

회복 탄력성은 역경과 고통에 적응하는 능력을 말합니다. 우리는 누군가의 죽음을 겪고도 회복할 수 있습니다. 용기와 유연성(변화를 받아들이는 거예요)을 발휘하여 다양한 방식으로 스스로 다시 일어서죠. 일종의 자기 치료 같지 않나요? 회복 탄력성은 상처에 붙이는 반창고와 같습니다. 흉터는 조금 남겠지만 회복을 보장하는 반창고 말이에요. 때로는 길고 험난한 길을 걸어야 해요. 하지만 길이 험한 것을 눈치채지 못할 수도 있습니다. 우리는 충격을 흡수해서 조금 멍이 들겠지만, 그래도 계속 전진합니다.

회복 탄력성을 가장 잘 보여 주는 영웅이 있습니다. 바로 베르길리우스가 쓴 「아이네이스」의 주인공 아이네이아스입니다. 「아이네이스」는 로마의 건국 신화를 담고 있습니다. 물론 아이네이아스는 그리스 신화의 영웅들만큼 매력적이지 않습니다. 그리스 무적의 전사 아킬레우스는 속도와 용기로 유명하고 오디세우스는 지식과 계략으로 유명합니다. 그에 비해 로마 건국 신화의 주역인 아이네이아스는 우리 시대에 걸맞은 영웅입니다.

트로이가 함락되자 아이네이아스는 늙은 아버지를 업고 어린 아들의 손을 잡은 채 불타는 도시를 탈출합니다. 영웅적이지는 않지만 감동적이죠.

아이네이아스는 아버지와 아들을 책임지며, 바다로 나갔습니다. 그의 운명은 역경으로 가득했습니다. 모든 트로이인의 적이었던 헤라 여신 때문에 온갖 고생을 했죠. 폭풍우로 엉뚱한 곳에 상륙해서 정처 없이 방랑해야 했고, 가족의 죽음과 전쟁 같은 수많은 우여곡절을 겪어야 했습니다. 그리고 마침내 자신의 운명을 이루었습니다. 세계를 정복할 국가를 건설하는 운명이었죠. 그 운명은 그가 선택한 것이 아니었습니다. 카르타고의 디도 여왕은 아이네이아스를 사랑해서 그를 붙잡아 두려 했습니다. 그러자 아이네이아스는 말했습니다. "비탄 속에서 나와 당신을 괴롭히는 일은 이제 그만두시오. 내가 이탈리아를 찾아가는 것은 나의 의지가 아니오."

아이네이아스는 신들이 내린 임무를 충실히 따릅니다. 절대 포기하지 않아요. 그에게는 자신의 힘과 용기를 자랑하는 위대한 전사의 자부심이 없습니다. 아이네이아스야말로 회복 탄력성을 보여 주는 진정한 본보기가 아닐까요?

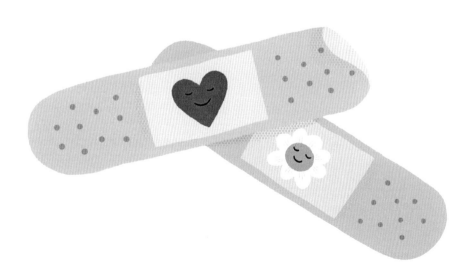

"하지만 늑대 씨, 정말 옛날이 그립지 않아요? 다시 옛날로 돌아가고 싶지 않아요? 어쩌면 내가 시간을 가둬 둘 수도 있는데⋯⋯."

"모르겠어요, 까마귀 양. 정말 모르겠어요."

늑대가 대답했다. 그리고 까마귀 마녀의 천막을 나와 미궁으로 향했다.

"생각해 봐요, 늑대 씨!" 마녀가 늑대의 등 뒤에서 소리쳤다.

"단 하나라도 후회하는 마음이 들면 다시 와요. 저 미쳐 날뛰는 시계를 멈출 테니 말이에요!"

:: 귀도 콰르초, 『도시에 남은 마지막 늑대 인간』

후회

    마지막까지 남은 늙은 늑대 인간이 슬프게 과거를 돌아봅니다. 늑대 인간은 이야기 속에서 길을 읽는 방법, 숲속 길에서 빛을 보는 방법을 아이들에게 가르쳤습니다. 그리고 용기와 두려움도 가르쳤죠. 하지만 이제 늑대 인간에게는 후회만 남았습니다. 그런 늑대 인간에게 마녀가 시간을 멈추어 주겠다고 합니다. 하지만 시간을 멈춘다는 건 환상일 뿐이에요. 후회는 한때 우리가 가졌던 열정과 도전, 만남과 기회 등을 잃어버리고 (또는 잃어버렸다고 믿고) 느끼는 감정입니다. 단순한 향수와는 다릅니다. 그때 그 기회를 잡았다면, 그때 그 사람을 만났다면, 그때 그 사람과 친하게 지냈다면, 그때 도전했다면, 그때 그 열정을 따랐다면 지금과 다르게 살았을 텐데. 이런 생각이 들면 후회가 시작됩니다.

    보통 후회를 하려면 나이가 들어야 합니다. 어릴 때는 기회를 하나 놓쳐도 금세 또 다른 기회가 옵니다. 그래서 후회라는 감정을 느끼기 힘듭니다. 그런데 나이가 들면 그만큼 기회가 찾아올 시간도 줄어들어요. 당연히 후회만 늘어나죠. 후회는 정말 슬프고 메마른 감정이에요.

    맞아요, 메마른 감정입니다. 후회, 즉 우리의 손을 벗어나 다시는 잡을 수 없는 것에 대해 안타까워하는 것은 소용없는 짓입니다. 누구도 시곗바늘을 뒤로

돌릴 수는 없잖아요? 그러나…… 그래요, 그러나는 늘 있죠! 그러나 미리 계획을 세울 수는 있습니다. 내일 후회하며 괴로워하지 않으려면 오늘 계획을 세워야 합니다. 그런데 어떻게요?

미래를 보여 주는 마녀의 구슬이 필요하다고요? 맞아요. 그러나 때때로 잠시 멈추어 서면 우리 앞에 중요한 갈림길이 나타났음을 알아차리게 됩니다. 위험한 길, 오직 의무만 가득한 길, 끝까지 가기보다는 차라리 안 가는 것이 훨씬 편한 길이 말이죠.

그렇게 갈림길을 알아차리고 나면 미리 계획을 세울 수 있습니다. 조금만 노력하면 내일 후회할 일은 없을 거예요.

희망은 날개 달린 것
영혼의 횃대에 앉아
가사 없는 노래를 부르네
절대 멈추지 않네
모진 바람에 더욱 달콤한 소리
혹독한 폭풍에
작은 새는 움츠릴 만도 하지만
모든 사람에게 따스한 온기를 주었네
나는 가장 추운 나라에서도
저 머나먼 바다에서도 그 노래를 들었네
그러나 아무리 절박해도 희망은 결코
내게 빵 한 조각 청하지 않았네
:: 에밀리 디킨슨, 「희망은 날개 달린 것」

희망

　에밀리 디킨슨은 19세기 미국의 위대한 시인입니다. 에밀리 디킨슨은 희망을 폭풍우 속에서도 용감하게 날아가는 새로 묘사했습니다. 철학자 니체는 삶의 거센 시냇물 위에 솟아오른 무지개를 통해 희망을 말합니다. 그런 의미에서 희망은 강인하면서도 연약한 것이고, 찬란한 빛을 내면서 항상 도망치는 것이죠.

　희망이란 무엇일까요? 우리는 모두 희망을 알아요. 하지만 정확히 말하려고 하면 희망은 어느새 손가락 사이로 빠져나가 버립니다.

　한편 희망은 시간과 관련되어 있습니다. 희망은 앞으로 다가올 시간(미래)을 바라보는 것입니다. 오늘이나 내일 혹은 먼 훗날에 내가 신경 쓰는 어떤 일이 실현되길 바라는 것이죠. 그러나 기다림과는 달라요! 나는 기다릴 때 움직이지 않고 가만히 있습니다. 하지만 마음속에 진정한 희망을 키운다면 그것을 실현하기 위해 몸을 움직여 어떤 행동이라도 하게 되죠. 다시 말해 변화하는 방법을

찾습니다. 몸이 아니라면 마음과 정신만으로도 방법을 찾습니다. 그래서 정신 병리학자 에우제니오 보르냐는 희망을 '미래에 대한 기억'이라고 했습니다.

끝없이 상상력이 펼쳐진 어린 시절 우리는 무적의 용사가 되기를 바랐습니다. 우리가 좋아하는 슈퍼 영웅처럼 되고 싶었죠. 한마디로 불가능을 꿈꿨어요. 세월이 조금씩 흘러 세상을 아는 나이가 되면 우리는 좀 더 현실적인 것을 희망하게 됩니다. 즉 실현할 수 있는 꿈인지를 생각하죠. 투명 인간이 되거나 구름 속에 몸을 숨기는 능력 같은 것은 잊기 마련입니다.

우리 모두는 뭔가를 바랄까요? 맞아요. 누구도 희망 없이는 살 수 없으니까요. 희망이 실현되는 미래를 상상할 수 없다면 우린 단 한 발도 움직이지 못합니다! 밤에 베개를 베고 눈을 감으면 잠들기 전까지 많은 생각이 스쳐 지나갑니다. 그 시간에 우리는 우리를 기다리고 있는 것, 우리가 원하는 것을 정리합니다. 그 시간에 내일의 희망을 품기도 합니다. 수학 시간에 선생님이 내게 질문하지 않기를 바랍니다. 시합에서 이기기를 바라고, 집 안에 평화가 오기를 바랍니다. 그렇게 우리는 살아 있는 사람, 활기 넘치는 사람이 되죠.

미래는 나아질 것이고, 간절히 바라면 이루어질 것이며, 고통은 사라질 것이라는 희망을 날마다 키우다 보면 현실을 보지 못한다는 비난을 받을 수도 있어요. 다시 말해 아직 존재하지 않고 앞으로도 절대 존재하지 않을 뭔가에 너무 정신을 집중한 나머지 현실을 대충 살아갈 위험이 있다는 거예요. 그러나 우리가 희망을 품고 몸과 마음을 다해 노력한다면 그 희망은 단순한 환상이 아닙니다.

20세기 독일 철학자 에른스트 블로흐는 『희망의 원리』라는 책에서 이렇게 말합니다. '희망하는 법을 배우는 것이 중요하다. 희망이라는 감정은 팽창하여 인간을 움츠리게 하는 대신 확장하게 한다. (……) 지금 만들어지고 있고 우리 역시 속한 저 새로운 것 속으로 활기차게 뛰어들기를 원한다.' 사실 우리가 품은 희망 중에서 어떤 것은 단지 백일몽, 현실 도피, 규칙 없는 허상일 뿐이라고 블로흐는 덧붙입니다. 그러나 그런 꿈에는 우리가 현재를 뛰어넘어 더 나은 미래를 실현하도록 자극하는 부분이 있습니다. 그것이 진정한 희망입니다.

에우제니오 보르냐는 말합니다. '희망은 우리 앞에서 미래의 문을 활짝 열어젖힌다. 미래는 인생의 수많은 영향력에 열려 있다. 이것이야말로 희망의 장점이다.'

복권 당첨을 바라는 건 희망이 아닙니다. '걱정 마. 다 잘될 거야!'라는 막연한 낙천주의도 희망이 아닙니다. 노력을 통해 이루고자 하는 크고 작은 소원과 열망과 꿈이 희망입니다.

모든 희망이 실현되지는 않을 것입니다. 우리는 이미 알고 있습니다. 우리가 사랑하는 사람이 우리를 떠날 때도 있고 병에서 회복되지 못할 수도 있습니다. 그러므로 우리의 희망 중에 어떤 것은 실현되지 않을 것입니다.

그렇다고 희망을 키우지 말아야 할까요? 그 반대입니다! 희망은 우리의 일상을 의미로 가득 채우고 어려움 속에서 용기를 줍니다. 배의 선장이 어둠 속에서 등대의 불빛을 따라가듯 방향을 알려 주기도 하죠.

우리는 다른 사람과 희망으로 연결되어야 합니다. 그래야 희망이 더욱 환하게 빛나고 더욱 풍부한 의미를 갖게 됩니다. 하지만 어떻게요? 작은 일상에 파묻히지 않고 그 너머를 본다면 인생에는 고난과 고통, 불행이 있음을 깨닫게 됩니다. 우리가 좋은 변화를 희망한다면 희망 없는 사람의 마음속에도 희망을 일깨울 수 있습니다. '희망을 잃은 사람이 다시 희망을 품게 하려면 우리 마음속 희망의 불씨가 꺼지지 않도록 노력해야 한다.' 보르냐의 말이에요.

우리는 우리의 감정을 얼마나 알고 있을까요? 선생님께서 잘못한 일도 없는 내게 화를 낸다면 어떤 기분이 들까요? 부모님께 꾸중을 듣거나 친구들에게 따돌림을 당하면 내 마음은 어떨까요? 분명 억울하거나 슬픈 마음이 들 거예요. 반대로 원하던 선물을 받거나 나의 노력으로 자전거를 잘 타게 되거나 친구를 사귀게 된다면 행복한 마음이 들겠죠? 우리가 우리의 감정을 잘 알고 솔직하게 말하면 정말 좋아요. 특히 상처받는 말을 들었을 때는 자신이 느낀 불쾌한 감정을 꼭 표현하면 좋겠어요. 나의 감정을 제대로 표현하지 못하고 숨기면 너무너무 속상하거든요.

자신이 어떤 감정을 느끼고 있는지 생각해 보면 좋아요. 긍정적인 감정을 느끼고 있다면 좋겠지만, 부정적인 감정을 느낄 때 이것이 슬픔인지 두려움인지 아니면 수치심인지 생각해 보는 거죠. 잘 모르겠다면, 『어린이 감정 사전』을 찾아보면 좋겠어요. 어린이뿐만 아니라 어른에게도 도움을 줄 수 있을 정도로 인간의 감정에 대해 구체적으로 말해 주고 있어서 읽기만 해도 많은 도움을 받을 수 있어요.

서문 움베르토 갈림베르티

이탈리아 베네치아에 있는 카 포스카리 대학교에서 문화 인류학, 역사 철학, 심리학을 가르쳤습니다. 국제심리분석학회 정회원으로, 이탈리아의 주요 언론인 〈일 솔레 24 오레〉, 〈라 레푸블리카〉와 함께 일했습니다. 『하이데거와 야스퍼스의 글에 나타난 서구의 쇠퇴』, 『정신의학과 현상학』, 『몸』, 『노마드 말』, 『영혼의 풍경』, 『사랑에 관한 것들』 등 수십 년 동안 여러 책을 썼습니다. 그의 책은 독일어, 프랑스어, 스페인어, 포르투갈어, 네덜란드어, 슬로베니아어, 세르비아어, 그리스어, 체코어, 일본어 등으로 번역되어 전 세계 독자들에게 사랑받고 있습니다.

글 안나 비바렐리

이탈리아 토리노 출신으로 대학에서 철학을 전공하고 라디오 드라마와 연극 대본을 썼습니다. 연기 학원에서 연극사를 가르쳤고 15년 이상 프리랜서 기자이자 카피라이터로 일했습니다. 1994년에 어린이를 위한 첫 번째 책을 출판한 이후 2010년에는 안데르센상을 받았으며, 현재 70권 이상의 어린이책을 출판했습니다.

그림 알레산드라 데 크리스토파로

이탈리아 레체 출신의 일러스트레이터입니다. 함부르크 응용과학대학교 디자인학과와 볼로냐의 아카데미아 디 벨레 아르티에서 일러스트레이션과 만화를 공부했습니다. 현재 로마에 살면서 유명 출판사와 잡지사의 프리랜서 일러스트레이터로 일하고 있습니다.

옮김 김효정

한국외국어대학교 이탈리아어학과를 졸업하고, 같은 대학교에서 비교문학 박사 학위를 받았습니다. 현재 한국외국어대학교 이탈리아어 통번역학과에서 강의하고 있습니다. 옮긴 책으로 『중세』, 『불안의 책』, 『약혼자들』, 『아름다운 여름』, 『소크라테스』 등이 있습니다.

어린이 감정 사전

초판 1쇄 인쇄 | 2025년 1월 10일
초판 1쇄 발행 | 2025년 1월 22일

지은이 | 안나 비바렐리
그린이 | 알레산드라 데 크리스토파로
옮긴이 | 김효정
펴낸이 | 박남숙

펴낸곳 | (주)소소 첫번째펭귄
출판등록 | 2022년 7월 13일 제2022-000195호
주소 | 03961 서울특별시 마포구 방울내로9길 24 301호(망원동)
전화 | 02-324-7488
팩스 | 02-324-7489
이메일 | sosopub@sosokorea.com

ISBN 979-11-979592-8-8 73190
책값은 뒤표지에 있습니다.

제품명 어린이용 각양장 도서 **제조자명** (주)소소 첫번째펭귄 **제조국명** 대한민국 **사용연령** 6세 이상
주의사항 종이에 베이거나 긁히지 않도록 조심하세요. 책 모서리가 날카로우니 던지거나 떨어뜨리지 마세요.
KC마크는 이 제품이 공통안전기준에 적합하였음을 의미합니다.